밀레니엄 실험실

밀레니엄 실험실

1판 1쇄 인쇄 2022. 01. 26.
1판 1쇄 발행 2022. 02. 15.

지은이 밀실팀

발행인 고세규
편집 강지혜 디자인 정윤수
발행처 김영사
등록 1979년 5월 17일 (제406-2003-036호)
주소 경기도 파주시 문발로 197(문발동) 우편번호 10881
전화 마케팅부 031)955-3100, 편집부 031)955-3200 | 팩스 031)955-3111

값은 뒤표지에 있습니다.
ISBN 978-89-349-6974-7 03300

홈페이지 www.gimmyoung.com   블로그 blog.naver.com/gybook
인스타그램 instagram.com/gimmyoung 이메일 bestbook@gimmyoung.com

좋은 독자가 좋은 책을 만듭니다.
김영사는 독자 여러분의 의견에 항상 귀 기울이고 있습니다.

요즘 애들의
생각과 사는 방식

밀레니얼

실험실

밀실팀 지음

김영사

일러두기

1. 이 책에 수록된 글은 <중앙일보> 소속 밀레니얼 기자들이 밀레니얼의 현주소를 취재하고 연재한 밀착취재기 '밀레니얼 실험실' 가운데 가려 뽑아 내용을 보강한 것입니다.

2. 소속이나 출간물 등을 정확하게 표기하지 않고 이름만 밝힌 취재원은 모두 가명입니다. 이름을 밝혀야 할 이유가 있는 경우만 본명으로 표기하였습니다. 이를 따로 구분하여 표기하지는 않았습니다.

프롤로그

2019년 여름. 어리바리하던 2년 차 기자는 국장실로 불려 갔다. 국장 앞에서 숨죽이고 있던 찰나, 당시 박승희 〈중앙일보〉 편집국장은 이렇게 말했다. "한 달이라는 시간을 줄 테니까 하고 싶은 걸 기획해서 가져와 봐. 뭘 하든 터치하지 않을 테니 아무것도 신경 쓰지 말고 마음대로 해." 그러면서 선심 쓰듯 한마디를 덧붙였다. "너무 부담 갖지는 마. 후배 기자 두 명을 더 붙여줄게. 잘해봐."

후배라고 해봐야 입사한 지 갓 1년 정도 된 이들이었다. 속으로 '도대체 뭘 하라는 건가'란 생각이 들었다. 기사보단 취업용 자기소개서를 쓰는 게 더 익숙한 1~2년 차 기자 세 명은 이렇게 모였다. 부장급 데스크들만 사용하는 회의실을 사용하긴 괜히 겸연쩍어 홍대 스터디카페를 빌려 회의를 했다.

우리가 정치, 경제 현상을 말하기엔 경험과 지식이 턱

없이 부족했다. 그럴듯한 취재원도 알지 못했다. 인맥이라고 내세울 건 또래 친구들뿐. 기성 언론이 관심을 가지지 않는 '평범한 20대들'의 이야기를 다뤄보자고 의견을 모았다. 이미 90년대생, 밀레니얼 세대, 나아가 MZ 세대에 대해 온갖 분석이 쏟아지던 시기였다.

그렇지만 우리가 보기에 그 분석들 속에 20대의 목소리는 없었다. 인사담당자가 바라보는 신입사원의 모습, 마케팅담당자가 분석한 20대 소비자들의 소비패턴 등이 대부분이었으니까. 소위 '돈이 되는' 20대들의 모습만 주목받았다. 우리는 공기처럼 주변에 묵묵히 살아가는 20대들의 삶을 들춰보고자 했다. 이런 삶의 궤적들이 밀레니얼에 대한 이해의 폭을 넓혀주리라 믿었다. 이렇게 중앙일보 '밀실'이 탄생했다. 밀레니얼 세대 기자들이, 밀레니얼에 대한 이야기를, 실험적인 취재방식으로 전해보자는 의지를 담아 '밀레니얼 실험실'로 이름을 붙였다.

조금이라도 더 가까이 20대들의 목소리를 듣기 위해 무작정 대학교를 찾아가 학내 대자보를 샅샅이 훑었다. 대학교 강의실에 들어가 쉬는 시간마다 설문지를 돌리기도 했다. 대학교 동아리방 문도 서슴없이 두드렸다. 가진 건 튼튼한 몸뚱이뿐이었기에 기삿거리를 찾아 하루 1만

보 이상 돌아다녔다.

그곳에 우리가 알지 못했던 20대들의 삶이 있었다. '요즘 것들'은 기성세대와 달리 할 말을 하고, 돈보단 워라밸(일과 삶의 균형)을 중시한다고들 한다. 하지만 그 이면에는 피를 팔아 돈을 버는 청년이 있다. 무료급식소를 찾아 끼니를 해결하는 취업준비생들도 있다. 극심한 젠더 갈등 뒤에는 혐오를 내뱉기보다 연애와 결혼에 대해 치열하게 고민하는 이들이 있다.

이 책은 '밀실'에 연재된 기사들 중 일부를 에세이 형식으로 다듬어 묶었다. 2년 넘게 연재하면서 글을 집필한 구성원들도 바뀌었다. 어느덧 3~4년 차 기자가 된 기존 팀원들은 다른 부서로 가고, 또 다른 1~2년 차 기자들이 그 자리를 채웠다. 다루는 주제의 폭도 넓어졌다. 10대들의 이야기, 청년에게 불합리한 사회 제도도 슬쩍 건드렸다. 글의 모양새는 조금 바뀌었을지라도 다양한 삶을 살아가는 밀레니얼들의 모습을 담고자 했던 첫 기획 의도는 변하지 않았다.

대뜸 길거리에서 붙잡아 이것저것 물어봤을 때, 입을 열어준 수많은 청년 취재원들이 있었기에 이 책을 만들 수 있었다. 나름대로는 다양한 사람들을 만났다곤 하지만 이

책에서조차 소외된 이들이 떠올라 마음이 무겁기도 하다.

서툰 취재력과 글솜씨를 지적하기보다 밥과 술을 사주며 '밀실'을 북돋아준 박승희 전 국장과 회사 선배들께 감사하다.

마지막으로, 어떤 삶을 살든 현시대를 이겨내며 살아가는 모든 이들에게 응원하는 마음을 전한다.

2022년 1월 밀실팀

차례

차례

우리가
세상을
살아가는
법

Part. 1

하루 열여덟 번 주사를 놓는다

꿈과 생계를 위해 시험에 참여하는 사람들

'피를 뽑는 청년'과 나눈 대화는 우연히 본 사진 한 장에서 시작되었다. 20대로 보이는 사람들이 채혈을 하기 위해 병원 복도에 한 줄로 선 모습을 담은 임상시험 아르바이트 현장 사진이었다. SNS와 유튜브에서는 이 아르바이트를 '꿀알바' '단기 고수익 아르바이트'로 소개하곤 한다. 코로나19 이후 이 '꿀알바' 후기는 더욱 급증했고, 개중에는 꿀팁을 전수하겠다며 '금주를 하라' 등의 조언이 담긴 후기도 있고, '이렇게까지 하며 급하게 돈을 벌어야 하나 싶다'라는 작성자의 속마음을 엿볼 수 있는 후기도 있었다.

'코(로나)시국.' 모두가 어렵다는 이 시기에 청년들의 취업난은 너무 당연한 이야기가 되었다. 그렇다고 청년들만 직장을 잃은 것도 아니다. 직장이 폐업하거나 휴업을 해 생활고를 겪는 사람들이 수두룩하다. '라떼(나 때)는 말이야'라는 조언도 통하지 않게 되었다. 이런 우울한 시대에 사회에 첫발을 내딛는 사람들은 어떤 심정으로, 무엇을 위해 피를 뽑고 있을까? '2021년 판 매혈기賣血記'는 왜 벌어지고 있을까.

"아침에 약을 먹고 온종일 피를 뽑아요. 열여덟 번 정도 채혈을 한 뒤에 팔을 보면 주사 때문에 멍이 들어 있어요. 멍 자국을 보다 보면, 이렇게까지 해야 하나 싶은 마음이 들죠."

8일에 127만 원. 이성민 씨가 2020년 10월 '생동성 시험' 아르바이트로 번 금액이다. 생동성 시험은 이미 출시된 약의 특허기간이 만료되어 같은 성분의 복제약을 내놓을 때 진행하는 임상시험이다. 제약회사가 복제약을 출시하기 전 의무적으로 실시해야 하는 과정으로, 아르바이트 구인·구직 사이트에선 '고수익' '편한 알바'라는 설명과 함께 임상시험 아르바이트의 지원자를 신청받고 있다. 그런데 코로나19로 취업난이 극심해지면서 이 아르바이트 자리를 구하기 위한 경쟁도 치열해졌다. 청년들은 꿈을 위해, 눈앞에 놓인 생계를 위해 고수익인 생동성 시험 아르바이트로 몰린다.

서울의 한 고시원에서 아홉 달째 생활 중인 이성민 씨

는 광주에서 서울로 올라와 부모의 도움 없이 홀로서기 중이다. 외국 항공사의 승무원을 지망하던 이씨는 코로나 19로 항공사 사정이 좋지 않자 면접을 포기했다. 생활비를 벌기 위해 급하게 열 곳 넘게 단기 아르바이트를 찾아봤지만, 한 군데에서도 연락이 오지 않았다. 그러다 우연히 아르바이트 구인·구직 사이트에서 생동성 시험 아르바이트를 알게 되었다.

이씨는 친구에게 함께하자고 해보았지만, "미쳤냐?"라는 대답을 들었다. 막상 혼자 하려니 썩 내키진 않았지만 '생동성 시험은 비교적 안전하다'는 내용을 믿기로 했다. 생동성 시험 아르바이트를 하면 1백만 원가량 받으니 그 정도면 한두 달 생활비는 거뜬히 되겠다는 생각뿐이었다.

지원자는 2~30대 성인 남성이 대부분이다. 이 시험에 참여하려면 신체가 건강해야 하기 때문인데, 임상시험센터 관계자는, 올해는 코로나로 생동성 시험의 실시 횟수가 줄었지만, 지원하는 2~30대는 오히려 더 많아졌다고 설명했다. 사전 신체검사에 합격해야 생동성 시험에 참여할 수 있는 자격이 주어지고, 병원은 신체검사를 통해 흡연·음주량이 기준치를 넘는지, 2주 안에 헌혈한 적이 있는지 등을 확인한다.

'건장한 청년'으로 생동성 시험에 참가해도 좋다는 허가를 받은 이씨가 마주한 병원 풍경은 이랬다.

생동성 시험 지원자들은 병원에 간 날 아침에 테스트를 해야 할 약을 먹는다. 약효가 돌 때쯤 60명 정도 되는 지원자들은 본인의 채혈 순서를 기다렸다가 순서가 되면 팔 하나를 간호사에게 내어준 뒤 피를 뽑고, 이후 휴대전화를 보며 자유롭게 시간을 보낸다. 자유시간엔 책을 여러 권 쌓아두고 보는 사람도 있고, 이어폰을 귀에 꽂고 유튜브를 보는 사람도 있다. 하루에도 몇 번, 시간에 맞춰 채혈을 한다. 병원에서는 때맞춰 점심과 저녁 식사를 제공한다. 이씨는 위궤양 치료제 시험 기간인 총 8일 중 이틀을 병원에 입원해서 지내며 열여덟 번에 달하는 채혈을 했다.

생동성 시험은 임상시험의 일종으로 일반적인 임상시험보다는 안전하다. 특허기간이 만료된 약의 성분을 그대로 복제한 약을 가지고 임상시험을 하기 때문에 위험도가 낮은 편이다. 아르바이트 구인·구직 사이트는 이런 점을 부각해 이를 '꿀알바'로 소개하고 청년들을 제약회사에 알선했다. 식약처는 이런 상황에 칼을 꺼내 들었다. 제약회사가 구인·구직 사이트를 통해 예비 시험대상자를 확보하고 구체적인 정보 없이 참여 보상금의 액수만을 위주로 안내하고 유도한다면, 약사법 위반으로 처벌하겠다고 밝혔다.

취업준비생만 이 '꿀알바' 생동성 시험에 모여드는 건 아니다. 다니던 직장이 코로나19로 문을 닫자 생동성 시험 아르바이트에 뛰어든 경우도 있다. 스포츠센터에서 일하던 한 20대 청년은 코로나19로 센터가 문을 닫자 시험에 참여하게 되었다. 그는 "고용지원금으로 최소한의 생계를 이어가고 있지만, 집을 사기 위한 중도금이 급하게 필요해 몸을 갈아 넣었어요"라고 생동성 시험에 참여한 이유를 설명했다. 그러면서도 그는 자본주의의 밑바닥에 와 있는 기분이었다고, 당시 상황을 떠올리며 말했다. '처참한 마음에 노동하러 온 거다' '몸 팔러 왔으니까 당연한 거다' 식의 자기 세뇌를 하며 시험을 버텼다고.

스물여덟 김화영 씨도 코로나19 여파로 잘 다니던 언론홍보 계열 회사가 문을 닫자 생동성 시험 아르바이트를 찾게 되었다. 이후 두 차례에 걸쳐 생동성 시험에 참여했다고 한다. 직업훈련을 받으면서 이직 준비를 해야 하는데 생활비가 넉넉하지 않아서였다.

"한 번 하니 두 번도 하게 되었어요." 김화영 씨가 조심스럽게 말을 꺼냈다. 그는 큰돈은 아니지만, 그래도 시간만 된다면 또 할 수 있을 것 같다고 했다. 김씨는 현재 주중엔 직업훈련, 주말엔 물류센터 아르바이트를 하고 있다. 그가 이틀 입원해서 받은 돈은 60만 원가량이었다.

이성민 씨에게 꿈이 무엇인지 묻자, 그는 이렇게 말했다. "저는 노가다도 해보았고 택배 상하차, 배달 일처럼 궂은일은 다 하고 있거든요. 그래도 저를 불쌍하게 안 보셨으면 좋겠어요. 저는 하고 싶은 게 많아요. 대학원에 다니며 외국인에게 한국어를 가르쳐보고도 싶고, 지금 하는 유튜브도 잘 운영했으면 하고요."

인터뷰하는 내내 그의 눈이 반짝였다. 그들은 입을 모아 '모두 힘든 상황이니 참고 이겨내자'고 했다. 비슷한 처지의 동료들에게 건넨 위로였다. 자신의 몸을 돈벌이에 기꺼이 내놓아야 하는 현실이 녹록하지 않지만 말이다.

'취업난' '고용불안' '버림받은 청년세대'…… 뉴스에서 끊임없이 흘러나오는 말이다. 세상이, 이렇게 흘러나오는 뉴스가 청년을 '불쌍한 존재'로 정의하고 있었던 것뿐, 그들은 얼어붙은 고용시장 속에서도 몸을 낮춘 채 꿈과 희망을 품고 내일을 준비하고 있었다.

'요즘 시대'에 굶는 사람들

영하 4도 새벽의 무료급식소

'밀레니얼은 항상 기발하고 톡톡 튀어야 하나?' 늘 머릿속에서 맴돌던 고민이었다. '밀레니얼' 하면, 사람들은 새로운 걸 추구하는 모습만을 떠올린다. 미디어에서도 기성세대와 다른 밀레니얼의 모습만 내보낸다. 하지만 뭔가 불편하다. 창업이 아닌 공무원시험을 준비하는 사람들도, 명품을 '플렉스flex'하긴커녕 매 끼니를 걱정하는 청년들도 모두 밀레니얼이기 때문이다.

나만 해도 고작 2~3년 전 취업준비생 시절엔 편의점에서 식사를 해결하기도 했고, 몇백 원이라도 더 싼 음식을 고르려고 고심했다. 사소해 보이지만 당시 내겐 꽤 중요한 문제였다. 요즘 청년들의 상황도 그리 나아지진 않았을 것 같다. 꿈은 많지만 주머니가 가볍기는 매한가지일 테니. 그래서 말 그대로 '밥은 잘 먹고 다니는지' 궁금해서 대학가로 나갔다. 그러고는 그곳에서 만난 청년들에게

'돈이 없을 때는 끼니를 어떻게 해결하는지' 물었다. 그러자 이런 대답이 돌아왔다. "휴대폰으로 편의점에서 쓸 수 있는 기프티콘을 구입해서 끼니를 일단 때워요. 비용은 휴대폰 요금으로 청구하고요."

한 대학생은 "아침에만 제공되는 1천 원 학식으로 배를 채우고 점심을 거르거나 간단하게 먹어요"라고 했고, 다른 대학생은 "2,900원 하는 바나나 한 송이, 3,900원짜리 방울토마토 한 통으로 일주일을 버텼어요"라고 했다. 이들은 각자 배고픔을 견디는 자신만의 노하우를 털어놓았다. 1960년대가 아니라 2021년 현재 대한민국의 이야기다.

어른들은 요즘 청년들이 배고픔을 모르는 부유한 세대라고 한다. 탑골공원에서 만난 70대 김정식 씨는 "우리 세대는 보릿고개를 지나면서 배를 안 곯아본 사람이 없지만 요즘에 누가 밥을 못 먹고 다녀요?"라며 요즘 애들은 씀씀이가 크니까 돈이 부족한 거 아니냐고 했다. 옆에 있던 90대 노인도 "풀로 죽을 쒀 먹던 시절도 있었는데 지금 우리나라만큼 잘사는 나라도 없어." 하며 말을 거들었다.

하지만 청년들이 느끼는 현실은 달랐다. 조금만 들여다보면 끼니 해결에 어려움을 겪는 청년들을 어렵지 않게 만날 수 있었다. 대학생 강은주 씨는 "돈이 없을 때는 '삼각김밥 존버(오래 버틴다는 뜻)'를 외쳐요. 삼각김밥을 고를 때마저도 800원짜리랑 1,200원짜리 중 고민하다가 조금 더 싼 걸 택하곤 하죠"라고 말했다. 사정이 더 어려운 친구들은 '소액대출로 이번 달에도 20만 원을 당겼다'라고 아무렇지 않게 말한다고도 했다. 강씨는 "이런 사정을 잘 모르는 사람들이 '청년수당 줘봤자 치킨이나 사 먹지 않겠냐'고 말하는 걸 듣고 상처를 받았어요"라고 덧붙였다.

또 다른 청년은 '달걀 두 알로 하루를 버틴 적도 있다' '1천 원으로 두 끼를 해결해봤다' '마트에서 유통기한이 얼마 남지 않은 바나나 다섯 개를 1천 원에 사서 버텼다' '도시락업체에서 파는 900원짜리 밥 한 공기로 해결했다'고도 말했다. 대학생 형은식 씨는 "돈을 아끼려고 끼니를 대충 해결하지만, 소득분위 1분위는 아니라서 생활비장학금은 받기 어려운 상황이에요"라고 했다. 대학교 4학년인 박진석 씨는 방세를 내고 책을 사야 해서 돈을 아끼다보니 돈을 절약하는 가장 쉬운 방법이 밥을 안 먹는 것이었다며, 결국 밥은 20대들이 처한 복합적인 문제를 보여주는 단적인 사례라고 했다.

'게으르거나 나태해서 혹은 씀씀이가 커서 끼니를 줄

여야 하는 것 아닐까?' 이런 생각도 스쳐 지나갔다. 하지만 학교에 다니면서 아르바이트도 여러 개 하는 모습을 어렵지 않게 볼 수 있었다. 한 대학생은 일주일 내내 아르바이트 두 개를 하면서 월 50만~60만 원 생활비를 마련하고 있다고 했다. 그는 패스트푸드 가게에서 제일 싼 아이스크림 하나로 끼니를 해결한 적도 있다고 했다.

청년들의 주거·취업 문제를 해결하기 위한 정책이 많이 논의되고 있지만 굶는 청년들을 위한 정책이나 전문적인 연구는 부족한 실정이다. 잡코리아와 알바몬이 취업준비생 1,147명을 대상으로 설문조사를 한 결과를 보면, 취업준비생의 83.1퍼센트가 하루 한 끼 이상 굶는다고 답했는데도 말이다. 세 끼를 모두 먹지 않는 이유를 묻자, '식비가 부담된다'(42.3퍼센트)는 점을 가장 많이 꼽았다.

이런 청년들을 위해 식사를 무료로 제공하는 곳이 있다. 서울 노량진 강남교회와 안암동 성복중앙교회다. 최저기온이 영하 4도였던 2020년 12월 겨울날 새벽, 식사를 무료로 제공하는 두 교회를 직접 찾아갔다. 강남교회 지하 1층 식당 입구에는 "이것은 청년들을 위한 새벽밥입니다. 배려해주시면 감사하겠습니다"라고 적혀 있었다.

오전 6시 반, 검은 패딩으로 몸을 감싼 청년들이 교회로 하나둘 들어왔다. 봉사자들은 몇몇 청년들의 얼굴이 익숙한 듯 "오늘은 일찍 왔네"라고 웃으며 인사를 건네기도 했다. 이날 강남교회에는 100명 이상, 성복중앙교회에는 80명이 넘는 청년들이 찾았다.

무료 식사를 하기 위해 이른 아침에 집을 나선 청년들에게 특별한 사연이 있진 않았다. 겉모습도 평범했다. 강남교회에서 만난 박성경 씨는 부산에서 서울로 올라와 경찰공무원 시험을 준비하고 있다고 했다. 그는 "아침밥을 먹으려면 적어도 3천 원은 있어야 하는데 적은 금액 같아도 수험생에겐 부담이 돼요. 그래서 무료 식사가 큰 힘이 됩니다"라고 말했다. 성복중앙교회에서 만난 김동형 씨 역시 "아침과 저녁만 먹는데도 한 달 식비가 2~30만 원 정도 들어요"라며 돈을 아끼려고 밥 먹는 횟수를 줄였는데, 이곳이 있어 약 10만 원은 절약할 수 있다고 했다.

전도를 하기 위해 음식을 제공하는 건 아니다. 밥 먹기전 기도를 강요하지도 않는다. 성복중앙교회 길성운 목사는 "부모의 마음으로 과일과 채소 제공, 주 2회 고기반찬 제공, 전도하지 않기를 원칙으로 삼고 있습니다"라며 밥을 먹기 위해 교회를 찾는 사람 중 95퍼센트가 청년이고, 지역 교회로서 할 일을 하고 있을 뿐이라고 덧붙였다. 강남교회 김상순 목사는 "권사님들이 새벽 4시에 일어나 매일 최소 200인분을 준비하세요"라며 도시락통을 가져와 밥을 싸가는 청년들이 있을 정도로 아직도 배고픈 이들이 많다고 전했다.

하지만 무료급식만으로는 배고픔을 근본적으로 해결할 수 없다. 이들에게 필요한 건 무엇일까? 청년들은 '1천 원 학식' '생활비장학금' 등을 꼽기도 했고, 한 대학생은 '마음 편히 밥 먹기 위해선 물가를 낮추고 월세를 낮추는 정책이 필요하다'고도 했다.

전문가들은 청년 지원 정책의 패러다임이 바뀌어야 한다고 말한다. 백승호 가톨릭대학교 사회복지학과 교수는, 지금까지 만 19세부터 29세까지의 청년들에게 '사지가 멀쩡한데 왜 일을 안 하냐'고 하며 직업훈련에 참여하는 조건으로 지원을 하는 등의 조건부 복지가 이뤄졌다고 꼬집었다. 백 교수는 경기도 청년기본소득 정책 시행 후 청년들이 국가의 존재를 인식하게 되었고, 정치에도 더 많은 관심을 가지면서 주변을 돌아보게 되는 긍정적인 효과가 나타나고 있다고 했다. 정치인이 기업에 인

센티브를 주는 건 아무렇지 않게 생각하면서 청년들에게 기본소득을 보장해주는 걸 '포퓰리즘'이라고 비판하는 우리 사회를 다시 되돌아볼 때라고도 덧붙였다.

이승윤 이화여자대학교 사회복지학과 교수는 식사권 문제의 원인은 저소득뿐 아니라 불안정한 노동시장과 스펙 경쟁으로 인한 시간 부족 등 여러 요인이 얽혀 있다고 밝혔다. 빈부격차가 큰데도 청년 빈곤에 대해선 연대의식이 형성되어 있지 않으며, 식사권에 구멍이 뚫린 이들의 수면권 및 문화 활동은 보장되고 있는지도 살펴봐야 한다고 말했다. 또 이 교수는 사회복지 지출 중 청년에 대한 지출이 제일 낮지만 이들은 곧 우리 사회의 중심이 될 계층이므로 이들이 인생에 한 번쯤은 걱정 없이 다양한 활동을 보장받을 수 있도록, 우리 사회가 보편적 배당에 관한 논의를 시작해야 한다고 조언했다.

인터뷰가 끝날 때쯤 한 학생이 이런 말을 건넸다. "밥을 못 먹는 게 뭐가 대수냐고 할 수 있지만 사실 의식주는 기본이잖아요. 밥을 먹지 못하면 기본적인 행복을 추구하기 어려워요. 저는 그냥 사람답게 살고 싶어요."

누군가는 이 이야기를 읽고 이런 생각을 할지도 모른다. '요즘 아르바이트 풀타임 최저시급만 해도 180만 원이 넘는데 단지 요즘 애들이 게을러서 굶는 거 아냐'라고. 하지만 지금 당장 풀타임 아르바이트에 뛰어들면, 이들의 학점, 취업 그리고 미래는 누가 책임져야 하나? 3~40대에는 끼니 걱정을 하지 않기 위해 지금 무료급식소에서 끼니를 해결하며 공무원시험 등 취업을 준비하는 수많은 청년들. 우리가 굳이 알려 하지 않았던 밀레니얼의 또 다른 모습이다.

그들은 왜 방으로 들어갔을까

방에서 15년...... '히키코모리'는 나가고 싶다

'방에 박혀서 아무것도 안 하고 싶다.' 누구나 이런 생각을 한 번쯤 해보지 않았을까. 날씨가 좋은 주말에도 밖에 나가기 싫고, 10년지기 친구도 만나기 싫을 때가 있다. 이유는 여러 가지겠지만 주로 세상살이에 지쳐 마음이 우울하거나 힘들 때 이런 생각이 들곤 한다. 하지만 이 정도 일은 누구나 겪는 수준이라 병이라고 하거나 문제시할 정도는 아니다.

하지만 어떤 이유에선지 오랜 기간 방 밖으로 나서지 않는 혹은 못 하는 사람들이 있다. 한국 사회는 처음 그들의 존재를 인식했을 때 그 유래를 일본에서 찾았다. 그리고 그들에게 일본어인 '히키코모리引き籠り'라는 이름을 붙였다. 히키코모리는 우리나라 말로 '은둔형 외톨이'라고 불린다. 바깥 생활을 하지 않고 혼자 방에 꼭꼭 숨어서 생활하는 사람이다. 이런 은둔형 외톨이의 수는 얼마

일까? 관련 통계를 찾아보니 그 내용은 꽤 충격적이었다. 은둔형 외톨이 문제로 관련 단체를 찾아 상담을 받은 이들 중 약 70퍼센트가 20대였기 때문이다. 기성세대가 '한창 좋을 때'라고 말하는 시기의 젊은이들은 왜 자신을 스스로 방 안에 가두고 있을까? 방 밖으로 선뜻 나서지 않는 그들은 방 안에서 어떤 기분을 느낄까? 은둔형 외톨이를 수소문해 그가 왜 방으로 들어갔는지 들어보기로 했다.

국내에 아직 은둔형 외톨이에 대한 공식 통계는 없다. 다만 청소년정책연구원이 2021년 10월에 발표한 자료를 토대로 18~34세의 국내 은둔형 외톨이를 추산하면 약 37만 명 정도다. 은둔형 외톨이가 모인 온라인 커뮤니티도 활발하게 운영되고 있었다. 그 커뮤니티에 접속해 활동을 살피기도 하고 여기저기 수소문을 한 끝에 실제 5년째 은둔 생활을 하고 있다는 30대 강모 씨와 대화를 나눌 수 있었다. 그가 대인기피증으로 직접 만나는 게 꺼려진다고 하여 이메일로 이야기를 주고받았다.

"열세 살 때 부모님과 함께 프랑스로 건너갔는데, 몇몇 아랍계 친구들에게 인종차별을 당했어요. 그때부터 조용했던 성격이 더 내성적으로 변한 것 같아요. 한국에 돌아왔더니 '벙어리냐'는 일진들의 괴롭힘이 이어졌고요." 은둔형 외톨이가 된 이유를 묻자, 강씨는 이렇게 답했다. 강씨가 처음부터 집에만 있었던 건 아니다. 어렵게 어렵게 고등학교 생활을 마친 뒤 서울 소재 대학교의 경영학과에 진학하기도 했다. 하지만 친구를 사귀지 못했다. 학교와 집만 오가는 생활을 반복하던 그는 대인기피증 탓에 병역도 면제받았다. 대학을 졸업한 뒤엔 자연스레 집에 있는 시간이 길어졌다. 강씨는 "무기력하게 인터넷만 하면서 보냈어요. 두세 달에 한 번 외출하면 많이 하는 편이었어요"라고 당시를 떠올렸다. 취업을 하는 것도 당연히 쉽지 않았다. 그렇게 시간이 흘러 스물세 살 무렵부터 본격적인 은둔 생활이 시작되었다.

부모에게 잔소리 아닌 잔소리도 많이 들었다. 부모는 자신들도 늙는데 10년, 20년 뒤엔 어쩌려고 그러냐며 그를 걱정했다. 번듯한 일이 아니어도 좋으니 아르바이트라도 해보는 게 좋지 않겠냐고도 했다.

물론 다른 은둔형 외톨이가 강씨와 똑같은 이유로 은둔을 하는 건 아니다. 은둔형 외톨이가 되는 원인은 다양할 수밖에 없다. 20년간 은둔형 외톨이 300여 명을 진료해온 여인중 동남정신과의원 원장은 대인기피증, 우울증,

조현병, 사회적인 좌절 등 은둔형 외톨이가 되는 원인은 수백, 수천 가지에 이른다고 설명했다.

일반적으로 3개월 이상 밖에 나오지 않으면서, 경제 생산성이 없고, 방 안에 갇혀 있는 걸 괴로워할 경우 은둔형 외톨이로 진단한다고 한다. 원인은 다르지만 '사회와 단절된 채 이를 괴로워하는 이들'이라고 여 원장은 설명했다.

이미 잘 알려진 것처럼 은둔형 외톨이는 한국보다 일본에서 먼저 사회 문제가 되었고, 국내 은둔형 외톨이를 돕기 위해 한국을 찾은 일본인도 있다. 사회적 기업인 'K2인터내셔널코리아'가 그들이다. K2인터내셔널코리아는 2012년부터 국내 은둔형 외톨이 250여 명을 만나 고민을 나누고 자립을 지원하고 있다. 서울 성북구의 사무실에서 만난 코보리 모토무 대표는 자신도 은둔 생활을 했다고 털어놓았다. 열다섯 살 때 주변의 도움을 받아 밖으로 나올 수 있었다는 그는, 이런 자신의 경험을 바탕으로 다른 사람을 돕고 싶다고 했다.

K2인터내셔널코리아가 상담한 국내 은둔형 외톨이에 대한 통계를 보면 은둔 기간이 10년 이상인 사람이 전체의 약 30퍼센트였다. 코보리 대표는 이 숫자가 한 번 좌절한 사람은 갈 곳이 없다는 걸 의미한다고 설명했다. 한국

은 명문대에 진학한 뒤 대기업 취업으로 이어지는 '성공의 길'에서 한번 벗어나면 다시 기회가 주어지지 않는 구조기 때문에 은둔 생활도 길어진다는 게 그의 해석이었다. 실제로 그의 회사를 찾은 이들은 '새로운 일을 시작할 기회조차 없다'고 입을 모은다.

오오쿠사 미노루 매니저는 한국에선 자식이 부모의 기대에 부응하려는 강박이 심한데 그 스트레스로 은둔형 외톨이가 되는 경우가 많다고 하며, 다양한 삶의 모습을 존중하는 사회적 분위기가 필요하다고 했다. 또 그는 한국이 이제 은둔형 외톨이 현상을 사회 문제로 인식하고 적극적으로 대처해야 한다고도 조언했다. 일본 내각부 자료를 보면 기초수급대상자로 전락한 히키코모리 한 명에게 평생 들어가는 국가 예산이 1억 5천 엔(약 15억 원)에 이른다.

강씨는 밤늦게 부모님이 흐느껴 우는 모습을 보고 정신을 차렸다고 했다. 여전히 집 밖에 나와 사회 생활을 하기는 어렵지만, 어릴 적 외국에서 산 경험을 바탕으로 집에서 번역 일을 하고 있다고 했다. 강씨는 은둔형 외톨이들에게 각자 잘할 수 있는 재택근무부터 찾아보길 추천했다. 그러면서 은둔형 외톨이 문제가 일본처럼 공론화되어야 한다고도 했다. 그는 "무턱대고 지원금을 달라는 게 아니에요. 물고기 잡는 법을 알려주듯 재택근무 방법을 알려주거나 지속적인 상담 프로그램을 제공하면 좋겠습니다"라고 덧붙였다.

실제 12년간의 은둔형 외톨이 생활을 청산하고 세상으로 나온 김재주 씨도 만나봤다. 김씨는《어쩌다 히키코모리, 얼떨결에 10년》이란 책도 썼다. 그 역시 은둔형 외톨이 문제를 국가가 더이상 방치하면 안 된다고 강조했다. 일본이 국가지원을 활발하게 하고 있다는 뜻은 심각성을 재빨리 인식하고 더이상 방치할 문제가 아니라고 판단했기 때문이라며, "한국은 아직도 심각성을 인지하지 못했거나 알고 있더라도 수면 위로 들추기 싫어서 문제를 부정하고 있는 건 아닐까요?"라고 했다. 덧붙여 김씨는 은둔형 외톨이를 바라보는 시선이 좀더 따뜻해졌으면 한다는 바람도 밝혔다. "흉악범죄가 발생하면 별다른 확인 없이 '범인은 히키코모리'라는 식의 보도가 나오곤 하잖아요. 이런 식의 부정적인 시선이 사라진다면 이들이 방 밖으로 나오는 게 한결 쉬워질 수 있을 거라 믿어요."

여인중 원장 역시 은둔형 외톨이는 불치병이 아니라고 했다. 10년간 방에서만 생활하던 은둔형 외톨이가 바깥 세상으로 나오는 걸 목격한 경험도 있다고. 덧붙여 지자체에서 독거노인의 집을 방문하듯 은둔형 외톨이의 집을 주기적으로 방문해 사회로 이끌어내는 시스템이 필요하다고도 했다. 그중엔 우울증 혹은 대인기피증도 있기 때문에 정신과 진단과 치료도 중요하다고 말했다.

여전히 은둔형 외톨이를 한심하게 보는 사람들이 많다. 하지만 이들을 만나면서 놀랐던 건, 은둔형 외톨이들은 현재 상태에서 벗어나고 싶어 한다는 점이다.

은둔형 외톨이들이 모인 온라인 커뮤니티를 '눈팅'해 보기도 했다. 이들은 '은둔형 외톨이에서 벗어나는 방법' '은둔형 외톨이가 집에서 할 수 있는 일' 등을 활발히 공유하고 있었다. 서로를 북돋는 모습도 어렵지 않게 볼 수 있었다.

단순히 의지의 문제라고 하기엔 다이어트부터 취업까지, 이 세상엔 내 의지대로 되지 않는 일들이 정말 많다. 은둔형 외톨이로 사는 생활 패턴을 바꾸는 것 역시 마찬가지 아닐까. 그러니 조금만 더 따뜻한 시선으로 은둔형 외톨이를 바라보면 어떨까. 은둔형 외톨이에게 밖으로 나오라고 외치기 전에, 그들을 받아줄 수 있는 유연하고 따뜻한 사회를 만드는 게 우선이라는 생각이 든다.

자퇴 13개월차 김동수입니다

학교에 다니지 않아도 괜찮아

2018년 〈고등래퍼 2〉라는 TV 프로그램에 출연한 10대 자퇴생 래퍼들이 인기를 끌었다. 그들은 음악을 하기 위해 학교를 자퇴하였다. 단지 그것뿐이었다. 미디어나 드라마에 흔히 묘사되는 것처럼 문제아도 아니고 도와주어야 할 아이들도 아니었다. 〈고등래퍼 2〉를 보면서 밀레니얼 세대의 자퇴는 '도피'가 아니라 '도전'이라고 생각하게 되었다. 그들은 '자퇴생'이란 말보다 '학교 밖 청소년'이란 말이 더 잘 어울렸다. 실제 취재를 해보니, 여러 이유로 자퇴를 하였지만 꿈을 좇아 밤낮으로 몰두하는 '학교 밖 청소년'들이 꽤 많았다.

"부정적인 시선 때문에 아직 친척들한테 자퇴했다고 이야기도 못 했어요." 2018년 학교를 나온 전아름 양은 말했다. 2020년 기준 자퇴 청소년의 수는 약 39만 명. 한

국청소년정책연구원이 추산한 학교 밖 청소년의 수다. 이 수는 우리나라 교육 연령인구(7~18세) 580만 명 중 약 6.7퍼센트에 해당한다. 자퇴생의 수는 해마다 점점 늘고 있지만, 아직 자퇴생을 바라보는 사회의 시선은 그리 곱지 않다.

자퇴생 자녀를 둔 한 학부모는 아이가 처음 자퇴한다고 했을 때 '사회 부적응자'라는 이미지가 떠올라 걱정이 앞섰다고 했다. 청소년 비영리기관에서 활동 중인 10대 중반의 전민재 양은 "넌 자퇴했으니 인생을 망쳤고…… 취업할 때도 불리할 거고, 결국 할 수 있는 일은 몸 파는 일밖에 없을 것"이라는 성희롱도 들었다. 자퇴를 바라보는 우리의 시선은 아직 이 수준에 머물러 있다.

궁금했다. 자퇴를 부정적으로 바라보는 사회의 시선 속에서 학교 밖 청소년들은 어떻게 살고 있을지. 그래서 학교 밖 청소년 여섯 명을 만나 그들의 이야기를 들어보기로 했다. 이중에는 학교를 다닐 때 전교 3등을 했던 모범생도 있고, 고등학교 입학식 때 학생대표로 선서를 한 학생도 있었다. 그들은 대부분 자퇴 전 자신들이 평범한 학생이었다고 했다. 그런데 이들은 왜 학교를 나온 걸까?

"저는 전교 3등이었는데 어느 날 갑자기 친구들이 모

두 경쟁 상대로만 보였어요." 김동수 군은 자퇴한 이유를 묻자 이렇게 답했다. 그는 당시 시험 성적이 인생의 전부였다며 마음의 여유를 찾기 위해 학교를 나왔다고 했다. 김군은 이제야 대학입시가 아니라 진짜 하고 싶은 일을 찾고 있다고 말했다.

일반 고등학교에서 1교시가 시작될 무렵인 오전 9시, 김군은 서울 영등포구에 위치한 비인가 대안학교로 향했다. 그는 이곳에서 도예, 연극, 프로그래밍, 수영 등 다양한 강의를 들을 수 있었다. 김군은 목공 도구를 만지작거리며 3D 프린터로 스케이트보드를 만들고 있었다. 그가 교실 의자에 앉아 있는 시간은 5분 남짓. 두 시간 동안 자리에서 일어선 채 선생님과 소통하고 끊임없이 손을 움직였다.

방과 후 저녁 식사와 자유시간을 마치고 책상에 앉으면 밤 10시, 김군은 프로그래밍을 배우기 위해 노트북을 켰다. 특별세일 기간에 수강신청을 한 덕분에 강의료를 월 3만 원만 낸다고 자랑을 하며, 사회탐구 과목 인터넷 강의보다 훨씬 싸다고 활짝 웃었다. 무엇이든 배울 수 있다는 점이 학교 밖 생활의 가장 큰 장점이다. 김군은 남는 시간에는 동네 헬스장에서 운동도 한다.

그렇다면 다른 학교 밖 청소년들은 어떤 삶을 살고 있

을까? 자퇴생들은 '시간이 많다'는 점을 학교 밖 생활의 장점이자 단점으로 꼽았다. 1년 전 학교를 나온 최승열 군은 자유시간이 많아 게을러질 수 있다면서도 "날씨 좋은 날 밖에서 친구들을 볼 때가 가장 기뻐요"라고 했다. 전민재 양은 처음 학교를 나온 뒤에는 온종일 집에만 있었다고 했다. 하지만 지금은 하고 싶은 일을 찾아 바삐 지낸다고 했다. 물론 자퇴생이라고 특별히 노는 법이 있는 건 아니다. 스트레스를 어떻게 푸는지 묻자, 자퇴한 지 1년이 조금 넘은 이소영 양은 "특별한 것은 없어요. 다른 친구들처럼 카페에서 이야기를 나누고 노래방에서 노래를 불러요"라고 했다. 5개월 전 학교를 나온 이소윤 양은 여가시간에 평소 배우고 싶었던 드럼을 배우고 있다고.

학교 밖 청소년이 모두 똑같이 사는 건 아닐 것이다. 39만 명 각자 다른 삶을 꾸리며 각자의 꿈을 향해 다르게 살고 있을 것이다. 다만, 우리가 만난 학교 밖 청소년들은 모두 한목소리로 자퇴를 후회하지 않는다고 했다.

제빵사가 되고 싶어서 조리고에 진학했던 이소윤 양은 학교 밖에서 배우는 게 더 효율적이라고 생각한다며 학교에 다닐 때는 지나친 경쟁으로 스트레스를 많이 받았다고 설명했다. 최승열 군도 온전히 자신의 삶을 스스로 꾸려갈 수 있다는 점에서 지금 생활에 만족한다고 했다. 학교에 다닐 때는 야간자율학습을 하면 밤 9~10시에 끝나서 자신이 하고 싶은 걸 못 하니 항상 시간 낭비라고 느꼈다고.

이들 대부분은 주변의 반대를 이겨내고 자신만의 길을 가고 있다. 이소윤 양은 가족들의 반대도 심했고, 선생님들도 성적이 좋은데 왜 자퇴하려 하냐고 반대했다. 그는 부모님께 각각 자신이 학교에 더는 있지 못하는 이유를 편지로 써 설득을 했다고 한다.

전아름 양의 어머니는 처음엔 자퇴를 반대했지만 '학교에만 가면 숨이 막힌다'는 아이의 말에 결국 허락할 수밖에 없었다고 한다. 스스로 책임감이 생기니 학교에 있을 때보다 아이가 더 많은 고민을 하게 되는 것 같다고도 말했다. 또 다른 학교 밖 청소년의 아버지도 처음엔 '도망쳤다'는 부정적인 시선을 가장 걱정했다고 한다. 부모 입장에선 고등학교를 나오지 않은 사람을 비정상 취급하는 사회 분위기가 염려되는 것은 당연한 일일 터. 하지만 '할 수 있다'라고 말하는 딸을 보며 걱정보단 믿어주고 싶다는 생각이 앞섰다고.

그렇다고 이들이 무작정 자퇴를 권하는 건 아니다. '자퇴는 책임감을 가지고 결정해야 한다'고 입을 모았다. 자퇴 후 삶을 책임질 자신이 없으면 그냥 학교에서 생활하는 게 어쩌면 더 나을 수도 있다. 자퇴생을 바라보는 사회의 시선은 여전히 싸늘하니 신중히 결정해야 한다. 물론 우리가 만난 청소년들과 달리 학교를 나와 방황하는 자퇴생도 있을 것이다. 학교에서 문제를 일으켜 자퇴를 한 학생도 있을 것이고. 하지만 중요한 건 학교 밖 청소년들이 각자 원하는 삶을 살 수 있도록 어른들이 응원해주는 일이 아닐까.

나는 10년 전 고등학생이었을 때 주어진 시간표에 따라 최선을 다해 하루를 살지 않으면 큰일이 나는 줄 알았다. 그런데 인터뷰를 마치고 돌아오는 길 내내 학교 밖 청소년의 말 한마디가 계속 마음에서 맴돌았다. "하고 싶은 일이 학교 밖에 있다면, 학교에 가만 있는 것이 도피가 아닐까요?"

이미 학교를 졸업하고 사회에 어느 정도 순응한 탓인지 그 말이 다소 위험해 보이긴 했다. 다만 그럼에도 이 학생들이 훗날 하고 싶은 일을 하며 살아가는 모습으로 나를 설득시켜줄 거라는 믿음도 생겼다. 학교 밖 청소년들이 만들어갈 미래를 기대한다.

가장 위험한 곳으로 보내주세요

코로나19 최전선의 20대들

2020년 2월의 청도대남병원. 코로나 집단 감염이 국내에 빠르게 퍼진 뒤 이곳에서 신종 코로나바이러스 감염증(코로나19) 확진자 가운데 첫 사망자가 발생했다. 눈에 보이지 않은 바이러스 감염증은 이제 실존하는 위협이 되었다. 줄어들지 않는 확산세에 국민들은 아침에 눈을 뜨면 확진자 수를 확인하는 게 일상이 되었다.

약국과 마트를 뒤져도 마스크가 동이 나 없던 시절, 이 시절에 자원해서 최전방으로 나선 이들이 있다. 많은 확진자를 감당하기에 의료진의 수가 턱없이 부족하다는 이야기를 듣고서였다. 그들은 무슨 생각으로 위험한 현장에 자원해서 가기로 마음먹은 것일까? 청도대남병원, 선별진료소 이곳저곳에서 땀 흘리며 방역에 힘쓰고 있는 20대 의료진들의 이야기를 들어보기로 했다.

"의료지원서를 쓸 때 가장 힘든 곳으로 보내달라고 했어요. 그런데 막상 청도대남병원으로 배치되니…… 겁이 안 났다면 거짓말이죠." 코로나19 확진자가 다수 발생한 경북의 청도대남병원에서 환자를 돌보고 있는 오성훈 씨의 이야기다. 간호사 커뮤니티 스타트업의 대표인 오씨는 아내와 직원들의 만류에도 불구하고 의료 지원을 자원했다. 그뿐만이 아니었다. 충남 천안의 드라이브스루 선별진료소에서 근무 중인 강산 씨, 경기도의 한 대학병원 응급실에서 의심환자를 담당하는 김영웅 씨, 아버지 몰래 현장 근무를 자원한 정한솔 씨, 방호복을 갈아입을 시간을 아끼려고 '화장실도 건너뛴다'는 홍은지 씨 등 코로나19과 맞서 싸우는 최전방에는 20대 의료진이 많았다.

"아무래도 정신과 병동에서 근무하다 보니 간호가 쉽지 않았죠." 청도대남병원 근무가 어떤지 묻자, 오씨는 이렇게 답했다. 정신질환을 앓고 있는 환자가 갑작스레 공격적인 성향을 보일 수 있기 때문이다. 환자가 의료진에게 손찌검과 발길질을 하는 탓에 방호복이나 마스크가 벗겨지면 의료진도 감염될 수 있어 매사 조심해야 한다.

20대 의료진들은 입을 모아 방호복을 입으면 10분 만에 사우나에 들어간 것처럼 땀이 흘렀다고 설명했다. 땀이 눈으로 들어가 따가워도 닦을 수 없다. 손으로 얼굴을 만지면 코로나19에 감염될 수 있다. 3교대 근무가 기본이지만, 인력이 충분하지 않은 병원의 의료진들은 방호복을 네다섯 시간 이상 입고 일해야 한다. 지침대로라면 방호복은 두 시간 이상 착용이 불가능하다. 방호복을 오래 착용하면 그만큼 체력 소모가 크기 때문이다.

오씨는 확진자가 100여 명 있었을 당시 간호사 한 명이 환자 20명을 간호했다고 상황을 전하며 무엇보다도 현장에서 가장 필요한 건 의료 인력이라고 했다.

방사선사인 홍은지 씨는 경남 김해의 한 선별진료소에서 일하고 있다. 주된 업무는 의심환자의 흉부를 엑스레이로 찍어 폐렴 여부를 파악하는 일이다. 근무 시간 내내 방호복을 입어야 하는 홍씨는 방호복이 부족할까 싶은 게 가장 큰 걱정이다. 그는 "이번 주까지는 방호복 수량이 넉넉하지만, 다음 주부턴 방호복이 부족할 것 같다는 이야기도 돌고 있어요"라고 했다. 방호복을 벗을 수 없는 의료진의 고충도 털어놨다. 화장실을 가려면 방호복을 다시 갈아 입어야 하는데, 방호복 수량도 부족하고 시간도 없어 그냥 참는 경우도 많다고. 물을 마시고 싶어도 시간이 없기도 하고 방호복을 입고 벗기가 어려워 반나절 동안

목을 축이지 못하고 일한 적도 있었다고 했다.

1년차 공중보건의인 강산 씨는 천안시 서북구 보건소의 차량안심 선별진료소(드라이브스루 선별진료소)에 배치받아 근무 중이다. 현장 근무를 하며 어떤 어려움을 겪는지 묻자, 강씨는 첫 번째로 악성 민원인을 꼽았다. 검사 대상자가 아닌데, 검사 대상자라고 우기는 사람이 많기 때문이다. 어쨌든 여기까지 왔으니까 진료해달라는 사람, 공무원이 왜 하는 것도 없으면서 서 있냐며 호통치는 사람도 있다고 했다. 드라이브스루 선별진료소는 타인과 접촉을 최소화하기 위해 만들어진 곳인데 차량 한 대에 네 명이나 타고 오는 경우도 있다며 "누가 확진자일지 모르는 상황이기 때문에 한 차량에 여러 명이 타면 안 되고, 한 명씩만 타고 와야 합니다"라고 당부했다.

코로나19 현장 배치가 결정되던 순간 20대 의료진들이 가장 먼저 떠올린 사람은 가족이었다고 했다. 간호사인 정한솔 씨는 코로나19가 확산되기 전엔 임상을 떠나 성교육 강사로 활동하고 있었는데, 의료진이 부족하다는 뉴스에 대구·경북으로 가겠다고 지원했다. 국립마산병원에 배치된 정씨는 아버지가 걱정하실까 봐 지원 사실을 알리지 않았다. 뒤늦게 소식을 들은 아버지는 딸에게 "왠지 넌 거기 가 있을 것 같았다"라고 걱정 대신 격려의 말을 건넸다. 정씨는 아버지의 그 말이 정말 큰 힘이 됐다며 "가족의 반대로 오고 싶어도 못 오는 의료진들도 있는데 전 정말 행운아 아닌가요?"라고 말했다.

간호사 김영웅 씨는 대구 파견을 자원했을 때 결혼을 약속한 여자친구의 얼굴이 떠올랐다고 한다. 그는 현재 경기도의 한 대학병원 응급실에서 코로나19 의심 환자들을 담당하고 있다. 김씨는 지금 환자가 많고 의료진은 부족한 대구 지역 근무를 자원한 상태다. 그는 나중에 다시 코로나19 같은 사태가 닥치면 좀 더 잘 대처할 수 있지 않을까 싶다고 자원의 이유를 설명했다.

20대 의료진들은 고충도 많지만 응원하는 국민 덕에 힘이 난다고 입을 모았다. 어떤 날은 한 치킨집 사장님이 찾아와 매주 월요일, 수요일, 금요일마다 치킨을 가져다 주겠다고 의료진들을 응원하기도 했다고. SNS나 각종 인터넷 커뮤니티엔 현장 의료진을 응원하는 메시지가 쏟아졌다.

인터뷰가 끝날 때쯤 마지막으로 전하고픈 메시지가 있는지 묻자, 이들은 이렇게 답했다.

"검체 검사가 코 안쪽을 찌르는 거라 눈물도 나고 기분도 불쾌할 수 있어요. 그래도 제 얼굴 볼 때마다 '고생한다'고 말씀하시는 분들께 정말 감사한 마음뿐이에요."(강산)

"확진자를 가장 밀접하게 만나는 게 의료진이고, 고생하고 있는 것도 맞아요. 하지만 (감염병 위기 속에서도) 자신의 삶을 계속 지속해 나가고 있는 국민 한 분, 한 분 모두 정말 소중합니다. 저희도 끝까지 포기하지 않겠습니다."(정한솔)

그들은 무엇을 걸고 코로나 최전방에 섰을까? 돈이나 명예를 바란 게 아니다. 그저 자신이 해야 할 일이라고 생각했을 뿐이다. 사실 '요즘 세대'는 과거 세대에 비해 개인적이고 이기적이라는 말도 많다. 하지만 이런 편견은 이들을 만나며 한방에 깨졌다. 20대들은 코로나 최전방에 가장 먼저 달려가, 현장에서 그 누구보다 뜨거운 열정을 쏟고 있다. '요즘 애들은 이기적'이라는 편견은 조금 거둬도 좋지 않을까. 볼멘소리보다는 격려와 응원이 우리 사회를 더 따뜻하게 만드는 것만은 분명하다.

청년 장례지도사를 만나다

'장래' 위해 '장례' 택한 20대들

어느 날 한 선배가 대뜸 물었다. "20대 장의사 본 적 있어?" 듣는 순간 호기심이 동했다. 또래끼리 모이면 '장례'보다는 '장래'에 대한 이야기를 더 많이 나눌 나이, 그런 20대가 매일 타인의 장례식을 치르는 모습을 상상하니 그 자체만으로도 새로웠다.

20대 장례지도사를 만나보고 싶어졌다. 물론 전대미문의 감염병으로 매일 안타까운 사망자가 나오는 판국에 장례지도사를 만나 죽음에 대해 논의를 해도 될까 고민이 들기도 했다. 하지만 '20대 장례지도사'에게선 어둡고 무거운 이야기 말고 또 다른 이야기를 들을 수 있지 않을까 하는 기대감도 있었다. 그래서 을지대학교 장례지도학과로 찾아갔다.

"아르바이트 면접에서 제 전공을 잘못 듣고 '장래지도

학과'에서는 뭘 배우는지 묻더라고요. 미래를 계획해주는 학과냐고 하던데요." 이런 상황, 대학생 임씨에겐 익숙하다. 그럴 때면 웃으며 진짜 전공을 소개한다. 임씨는 '장례지도학과' 학생이다. 장례지도사가 되기 위한 공부를 하고 있다. 우리에겐 '장의사'라는 호칭이 더 익숙하지만, 2012년 '장례지도사 국가자격증'이 생긴 이후로 이름이 바뀌었다. 그는 미래 계획과는 아무 상관이 없는 일을 배운다.

2020년 출생자는 27만 6천 명, 사망자는 30만 8천 명으로 처음으로 사망자 수가 출생자 수를 앞질렀다. 그래서일까. 한때 '장의사'라 불리던 장례지도사가 20대 사이에선 유망 직종이 되었다. 1999년 을지대학교에 장례지도학과가 처음 개설된 이래 지금은 다섯 개 대학에서 장례지도학을 가르치고 있다. 장례지도사는 취업 불황 속에서도 평균을 웃도는 취업률을 기록하며 블루오션이 되었다.

경기도 성남시 을지대학교 장례지도학과 실습 강의실에 흰 가운을 입고 마스크를 쓴 열다섯 명의 학생들이 있었다. 강의실엔 나무로 짠 커다란 관 두 개가 놓여 있었다. 교수가 이름을 부르자, 학생들이 앞으로 나와 관을 흰 천으로 동여매기 시작했다. 고인을 관에 모시고 옮기기 위한 '결관' 실습이었다. 3인 1조가 되어 들썩거리는 관을 한 명이 눌러주고, 나머지 두 명은 열심히 매듭짓기에 바쁜 모습이었다. 능숙한 솜씨로 매듭까지 지었지만, 교수는 마무리가 아쉬웠던 모양이다. "여기 매듭을 더 꽉 조여야지. 이렇게 하면 상주들이 관 들고 가다가 떨어뜨릴 수도 있잖아."

강의실 한구석엔 시신 분장 실습에 쓰는 얼굴 마네킹 수십 개가 쌓여 있었고, 각양각색의 유골함도 전시되어 있었다. 남다른 소품들이 있을 뿐, 예비 장례지도사들이 웃고 떠드는 모습은 여느 대학교 강의실과 다를 게 없어 보였다. 수많은 진로 중에 이들은 왜 장례지도사의 길을 택하게 된 걸까?

"솔직히 돈 때문에 진로를 택하긴 했어요. 직업 전망도 좋다고 하니 진학을 꺼릴 이유가 없었죠." 임씨는 6년 전 대학수학능력시험을 치르고 나서 장례지도학과를 알게 되었다. '왜 남들이 꺼려하는 직업을 가지려고 하느냐'는 주변의 우려도 있었다. 하지만 임씨는 "장례지도사 연봉이 3천만 원 초반이라는데, 요즘엔 반려동물 장례문화가 발달하면서 직업 전망이 더 밝아져 후회하지 않아요"라고 했다.

개인적인 경험 때문에 장례지도사의 길을 걷기로 결심한 사람도 있었다. 장례지도사 이씨는 세월호 참사가 발생하자 봉사 활동에 참여하였고, 이후 다니던 직장을 그만두고 자격증을 따게 되었다. 세월호 참사 당시 그는 팽목항에서 물품전달지원 봉사 활동을 했다. 그러다 경기 안산 장례식장에 일손이 부족하다는 이야기를 듣고 우연히 들른 것이 이 길로 접어든 계기가 되었다. 뭍으로 건져 올려진 학생들의 시신과 슬픔에 빠진 유족을 자주 접하게 되면서 고인을 아름다운 모습으로 보낼 수 있게 돕는 일에 관심이 생겼다.

을지대학교 장례지도학과 4학년 김씨는 좋아하는 웹툰 때문에 장례지도학과에 진학했다. 네이버 웹툰인 〈죽음에 관하여〉였다. 젊은 저승사자(혹은 신)가 죽음을 맞는 사람들과 만나 생기는 이야기를 그린 만화다. 이 만화를 본 뒤 김씨는 죽음에 대해 학문적으로 배우고 싶다는 생각을 했고, 성적에 맞춰 진학했던 대학을 자퇴하고 장례지도학과에 입학하였다. 취미가 진로까지 바꾼 셈이다.

젊은이들 사이에서 많은 관심을 일으키는 직업군인 장례지도사. 그러나 장례지도사를 바라보는 사회의 편견은 20대 장례지도사들의 어깨를 무겁게 짓누르는 짐이기도 하다. 과거보다 인식이 좋아졌다고는 하지만, 죽음에 관련한 일을 내켜 하지 않는 분위기는 여전하다. 아직도 장례지도사를 '염쟁이(염은 시신을 수의로 갈아입힌 뒤 베나 이불로 감싸는 일을 말함)'라고 부르는 어른들을 볼 때면 상처를 받는다. 임씨는 이런 고민을 토로했다. "죽은 사람을 상대하는 일이니까 '귀신 보냐'는 질문도 많이 듣죠. 저는 한 번도 본 적이 없는데……"

부모님과의 마찰도 불가피하다. 졸업을 앞둔 김씨는 아직도 부모님을 설득하지 못했다. 부모님은 제발 '평범한 직업'을 가지라고 했다. 장례지도사가 그저 여러 직업 중 하나인 평범한 일로 인정받기가 아직은 먼일 같다. 3년 차 장례지도사인 김바름 씨는 일하고 온 날이면 여자친구가 몸에 손닿는 것조차 꺼린다고 말했다. 거부감을 보이는 사람이 많으니 직업을 숨길 때도 많다고.

높은 취업률에 눈길이 갈 수 있지만, 장례지도사는 매일 죽음을 마주하는 일이다. 이들은 단순히 돈을 벌 목적으로 일을 시작하면 안 된다고 입을 모았다. 2년 차 장례지도사 김은석 씨는 배나 머리가 터져서 온 시신을 보는 것보다 고인의 안타까운 사연을 접하는 게 더 힘들다고 토로했다. 눈썹 문신이 잘못되었다는 이유로 극단적 선택을 한 열여섯 살 여학생의 시신도 수습했다. 막 걸음마를 뗀 두 아이의 엄마 시신을 염습할 땐 아이들이 "엄마 왜 누워 있어?"라고 웃으며 물어보기도 했다. 감정이 무너지는 이런 일들까지도 견디며 해야 하는, 장례지도사는 아무나 할 수 없기에 더 보람 있는 일이기도 하다. 일은 고되고 시선은 따갑지만, 20대 장례지도사들을 지탱해주는 건 보람이었다. 김씨는 가족이 없는 무연고자의 시신을 수습하거나, 생계가 어려운 유족들이 저렴하게 장례를 치를 수 있도록 도울 때 가장 뿌듯하다고 말했다.

20대 장례지도사의 등장이 장례에 대한 사회적 인식도 함께 변화시킬 수 있을까? 이정선 을지대학교 장례지도학과 교수는 우리 사회가 아직도 죽음을 부정적으로만 인식하다 보니 장례문화도 폐쇄적이라고 했다. '웰다잉법'이 제정된 것처럼 우리 사회가 죽음을 성숙하게 받아들일 때 장례문화도 긍정적으로 변화할 수 있다고 덧붙였다.

청년 장례지도사들의 이야기를 듣고 집으로 돌아오는 길에 문득 영화 〈코코〉가 생각났다. 주황빛 금잔화로 수놓인 휘황찬란한 사후세계, 노래 부르고 춤추며 망자를 기억하는 사람들. 죽음을 삶의 일부이자 또 다른 시작으로 받아들이는 멕시코 문화가 새삼 부러웠다. 그러다 '장의사' 대신 '장례지도사'라는 새 이름표를 달고, 우리 사회가 죽음을 보다 성숙하게 받아들이는 데 팔을 걷어붙인 20대 장례지도사들의 모습이 떠올랐다. 그들이 만들어갈 새로운 장례문화는 어떤 모습일까? 무엇이 되었든, 기대해봐도 좋지 않을까.

취업 성공의 비결은 '행운의 정장'

'열린옷장'에 쌓인 사연들

"미안한데 정장 좀 빌려줄 수 있어?" 2020년 2월의 어느 날, 친한 대학 동기에게서 연락이 왔다. 그 동기는 모 기업의 전환형 인턴을 마치고 최종 면접을 앞두고 있었다. 평소 허물없이 지내왔던 사이인데도 정장을 빌려달라는 부탁은 아주 조심스러웠다. 다른 옷도 아니고 정장을 빌려달라고 부탁하는 게 선뜻 꺼내기 어려운 말이라는 사실을 그날 새삼 깨닫게 되었다.

'열린옷장'에 대한 취재는 그날의 기억에서 출발했다. 사실 가성비를 따지면 정장은 비효율적인 옷이 분명하다. 특히 맞춤 정장은 기성복보다 훨씬 비싼데 입을 일이 그리 많지도 않다. 그나마 저렴한 원단을 쓰면 30만 원대 정도이고, 100만 원을 훌쩍 넘는 정장도 많다. 중요한 행사가 있는 날 큰마음 먹고 입을 수밖에 없다. 이를테면 기업의 면접 같은 날 말이다. 하지만 아직 수입이 없는 취업준비생에게 말쑥한 정장 한 벌은 큰 부담이다.

처음 든 의문은 '왜 면접을 볼 땐 꼭 정장을 입어야 할까?'였다. 이와 관련해 최근 기업들의 면접 문화를 파악하고자 지인들과 온라인 커뮤니티 등을 수소문했다. 그러던 중 '열린옷장'을 발견했다. 열린옷장은 기증받은 정장을 필요한 사람에게 저렴하게 대여해주는 곳이다.

열린옷장에서 인상적이었던 건 바로 '손편지 시스템'이다. 열린옷장에 정장을 기증하는 사람은 그 옷에 얽힌 사연을 편지에 적어 함께 기증한다. 편지는 나중에 그 옷을 빌려 입을 사람이 읽게 된다. 대여자도 옷을 빌려 입고 난 뒤에 열린옷장을 통해 기증자에게 감사 편지를 전달할 수 있다. 의무적으로 손편지를 남겨야 하는 건 아니지만, 기증자 대부분은 이런저런 이야기를 담은 손편지를 남긴다. 열린옷장 홈페이지에 들어가면 편지에 적힌 사연들을 볼 수 있는데, 그 편지를 읽자 마음이 움직였다. 열린옷장에 도착한 정장들에 어떤 사연이 있는지 궁금증이 동했다. 그중 우리의 마음을 움직인 이야기는 세 문장짜리 사연이었다.

　　"둘째를 임신하니 '회사로 다시 못 돌아가겠구나'란 생각이 들더라고요. 그래서 제 코트와 남편 정장을 열린옷장에 보냅니다. 저를 대신해 멋진 커리어우먼이 되어주세요."

사연의 주인공은 2020년 4월에 남성 정장 한 벌, 여성 코트 한 벌을 열린옷장에 기증한 30대 중반의 노모 씨였다. 노씨는 대기업의 해외마케팅팀 10년차 과장이었다. 2019년 9월 복직을 계획하던 중 둘째 임신 사실을 알게 되었고, 회사로 돌아가기 어려울 것 같다는 생각이 들자 7년 전 어머니께 선물 받은 코트와 남편의 정장을 열린옷장에 기증했다. 노씨는 2년 동안 육아휴직을 하면서 승진 하는 후배들을 보면 대견하기도 하고 씁쓸하기도 했다며 '내 자리를 대신 채워줄 젊고 똑똑한 친구들이 이 정장을 입어줬으면 한다'라는 글을 덧붙였다.

열린옷장은 2012년 문을 연 비영리단체다. 10년에 가까운 시간 동안 6,800여 명이 정장을 기증했고, 13만 명의 취준생이 이곳에서 옷을 빌려 입었다. 기증자와 대여자 모두 손편지를 남긴다. 그렇게 10년 동안 열린옷장에 쌓인 편지가 수만 통이다. 열린옷장의 김소령 대표는 "요새 친구들은 스마트폰을 많이 써 손편지 쓰는 걸 좋아하지 않을 줄 알았는데 A4용지 두 장을 꽉 채운 감사편지도 있었습니다"라고 소개했다. 절절한 편지 내용을 읽다보면 직원들마저 감동받는 일이 잦다고.

기증자들의 편지엔 본인의 취준생 시절 이야기가 가득하다. 기증자 김혜영 씨는 정장과 함께 본인의 반지도 기증했다. 반지엔 '수백 번 떨어져도 포기하지 않겠습니다'라는 글귀가 적혀 있다. 김혜영 씨는 항공사 승무원 채용에 2년간 도전한 끝에 마침내 합격했다. 외워둔 자기소개를 틀리지 않길 면접장 앞에서 떨면서 기도한 적도 있었다. 면접 직전엔 너무 떨려서 화장실에서 우황청심원 두 병을 '원샷'하기도 했다. 모두 김혜영 씨가 기증한 정장과 함께한 추억이다. "취업을 준비하던 첫해엔 탈락 문자를 받고 밤새 엉엉 운 적이 있습니다. 다음 날 정신을 차리고 시내로 나가 반지에 글귀를 새겼어요. '수백 번 떨어져도 포기하지 않겠습니다'라는 글귀가 새겨진 반지를 끼고 몇십 번이나 더 고배를 마신 끝에 바라던 일을 하게 되었죠." 기증한 정장을 두고 김혜영 씨는 "사회에 첫발을 내딛기까지 함께해온 소중한 옷"이라며 누군가 첫 시작을 이 옷과 함께해준다면 큰 영광일 것 같다고 했다.

가슴 아픈 사연도 있었다. 6년 전 열린옷장에 정장 스무 벌이 한꺼번에 도착했다. 흔치 않은 대량 기증에 기뻐하던 김소령 대표는 편지 속 사연을 읽고 가슴이 먹먹해졌다고 한다. 사연의 주인공은 2012년에 스노보드 사고로 하반신이 마비된 분이었다. 그는 정장을 입고 인천국제공항 VIP 라운지에서 외국인 고객을 응대했다고 한다. 하지만 사고 이후 휠체어를 타게 되자 정장을 입을 일이 사라졌다. 그는 좌절 대신 나눔을 택했다. "멋진 양복을 입고 훨훨 날던 나를 대신해서 꿈을 펼쳐달라"는 말도 전했다. 2018년 12월 그는 난생처음 할부로 샀다는 비싼 코트를 한 벌 더 보냈다고 한다.

본인의 옷만 기증하는 건 아니다. 취업한 자녀의 정장을 기증하는 분들도 있었다. 60대인 김선화 씨는 자녀들이 입던 정장을 40벌이나 기증했다. 이분은 아들이 5개월 만에 공기업에 합격했고, 딸도 쉽게 공기업에 들어가 청년들 취업이 그렇게 어려운 줄 몰랐다고 했다. 뉴스에선 연일 취업이 어렵다고 하는데 자녀들이 수월하게 입사했으니 이 정장으로 합격 기운을 받으면 좋겠다고 덧붙였다. 하지만 아직 대여자에게 합격 소식을 듣진 못했다. 코로나19로 공채가 취소되거나 미뤄졌기 때문이었다. 김선화 씨는 "나는 백화점 가판대에 있는 옷을 사 입어도 애들한테는 마네킹에 걸려 있는 옷만 사줬어요. 대여자가 취업했다는 소식을 들으면 정말 고마울 것 같아요"라고 말했다. 자신의 자녀들의 합격 기운이 담긴 옷을 입고 취준생들이 원하는 곳에서 꿈을 펼치길 바란다고도 했다.

정장을 빌렸던 대여자는 취업에 성공한 뒤 열린옷장의 기증자가 되곤 한다. 열린옷장이 지속될 수 있는 비결이다. 취직한 대여자들은 편지에 자신도 취업을 하게 되면 꼭 정장을 기증하겠다는 뜻을 밝히곤 한다. 열린옷장에서 정장을 빌렸던 20대 초반의 박미연 씨는 얼마 지나지 않아 온라인 잡지사에 취업했다. 박미연 씨는 '행운의 정장' 덕분이라고 했다. 기증자는 편지에 "두 번 만에 취업에 성공하게 해준 행운의 정장"이라고 적었다. 박미연 씨는 나중에 정장을 사면 꼭 기증해서 다른 사람에게도 행운을 주고 싶다고 했다. 김소령 대표는 최근 기증자들이 몇 년 전에 열린옷장에서 정장을 빌려 입고 합격했는데 어느새 기증하는 날이 왔다는 사연을 많이 보낸다고 전했다.

기증자들에게 취업준비생에게 하고 싶은 말이 있는지 물었다. 한 기증자는 이렇게 말했다. "제가 취업 준비할 때 들었던 말 중에 제일 힘이 되었던 말은 이거예요. '어디든 당신의 자리는 무조건 있으니까 걱정하지 마라' 취업을 준비하는 친구들에게 그 말을 꼭 전해주고 싶어요."

'청년 취업률이 역대 최저를 기록했다'는 뉴스가 새삼스럽게 느껴지지 않는 요즘이다. 하지만 누구나 '취준생'일 때 남모를 고민을 안고 살아간다는 건 예나 지금이나 크게 다르지 않다. 다만 그 시절의 기쁨과 슬픔을 손편지를 통해 다른 이와 나눌 수 있는 창구가 있어 위안을 얻는다. 나도 멀지 않은 날에 그 나눔에 동참할 생각이다.

군인 월급에 대한 단상

얼마면 잃어버린 20대를 보상받을 수 있을까

20대를 돌이켜봤을 때 가장 후회되는 일이 하나 있다. 전역 직전 휴일에, 많게는 1년 6개월, 적게는 2개월간 함께했던 후임들에게 맛있는 음식을 사주지 못한 일이다. 군대라 판매하는 음식의 가격도 저렴했는데 말이다. 병장이던 당시 내 월급은 9만 원 남짓. 개인 생활비, 소액 적금, 휴가 나가 사용할 돈을 빼면 늘 잔고는 0원이었다.

나 같은 사람이 많았는지 국방부는 군인의 월급을 계속 올리고 있다. 하지만 올린 월급이 너무 많다고 비판하는 댓글도 종종 보인다. 도대체 나라를 지키는 의무복무 병사가 받아야 할 적정 월급은 얼마일까? 젊은 그들이 시간을 희생하는 대가로 받아야 하는 금액은 얼마가 적당할까? 당사자들에게 직접 들어보고 싶었다.

2021년 의무복무 군인의 월급은 얼마일까? 병장은 60만

8,500원(2019년 40만 5천 원), 이등병은 45만 9,100원(2019년 30만 6,100원)을 받고 있다. 아마 20대 중후반인 예비역들은 꽤 많다고 느낄 것이다. 2016년까지만 해도 병장 월급이 19만 원대였으니 말이다.

많은 것 같기도 하고, 적은 것 같기도 하다. 의무복무 중인 20대 장병들의 월급으로 얼마가 적당할까? 2019년 10월 11일 서울역에서 군인 스물네 명을 만나 실제 통장을 공개해줄 수 있는지 물었다. 월급을 어디에 쓰는지 알기 위해서였다. 그리고 현역 장병이 생각하는 적당한 금액의 월급은 얼마인지도 알아보았다.

강원도지역 부대에 복무하는 스무 살 육군 일병 A씨는 기회비용을 고려하면 최저임금(월 179만 원)은 줘야 한다고 했다. 그는 지금 월급으로도 아껴 쓰면 생활에 큰 지장은 없지만 밖에 있었으면 훨씬 많이 벌었을 것이라고 했다. 경기지역에 복무하는 스물한 살 육군 일병 B씨 역시 자신의 20대가 충분히 보상받고 있다는 생각이 들려면 최저임금은 받아야 한다고 했다.

물론 현재 월급이 충분하다는 장병들도 있었다. 전남지역 부대에 복무하는 스물네 살 육군 상병 C씨는 현재 받는 40만 원 수준도 충분하다며 차라리 미래를 대비할 수 있게 인터넷 강의를 제공하거나 사회 교육 시스템을 제공하면 좋겠다고 했다. 경기지역에서 복무하는 스무 살 육군 상병 D씨도 생활은 늘 적자지만 생각보다 버틸 만하다고 했다. 이들은 군인의 월급을 올릴 경우 급격하게 늘어날 국방비를 우려했다.

경기지역 육군 상병 E씨는 70만 원이 적절하다고 했다. 그렇지 않으면 국방 예산이 부족할 텐데 100만 원 이상씩 주면 나라에 부담이 클 것이라고 했다. 스물네 명 중 열여섯 명이 같은 이유로 60~80만 원 사이의 금액을 적정 월급으로 꼽았다. 이날 서울역에서 만난 병사 스물네 명이 말한 '적절한 군인 월급'의 평균 금액은 73만 4천 원이었다.

이날 만난 병사들은 대부분 적금을 들고 있었다. 경기지역 부대에 복무하는 스물세 살 육군 병장 I씨는 거의 모든 병사가 전역 후를 대비해 10만~20만 원씩 적금을 들고 있다며 은행에서 5.5퍼센트의 높은 이율로 제공하는 군인 전용 적금을 들어두면 전역 후 3백만 원 정도 모아 나갈 수 있다고 했다. 돈이 남아서 적금을 드는 건 아니다. 대부분 월급이 부족해서 부모님께 용돈을 타서 쓴다고 했다. 경남지역 부대에 복무하는 스물한 살 육군 상병 J씨는 오랜만에 만난 친구들과 술 한잔 마시면 한 번에 10만 원을 쓰기도 한다며 "휴가 때 집에서 돈을 받을 수밖에 없어 늘 죄송한 마음이에요"라고 말했다. 제주도가 고향인 전남지역 부대 육군 상병 스물한 살 F씨도 고향으로 가는 교통비는 진급할 때 딱 세 번만 지원된다며 그 외 휴가에는 어머니께서 항공료를 내주셔서 죄송하다고 했다. 이들은 용돈으로 월 10~20만 원을 받는다고 대답했다. 용돈을 받지 않는다는 경남지역 육군 상병 스물두 살 G씨는 집에서 떠나 있으면서 돈까지 받아 쓰면 죄 짓는 느낌이 든다며 적금을 하고 남은 돈을 열흘 만에 다 쓴 뒤 20일은 배가 고파도 돈을 쓰지 않는다고 했다. 스물네 살인 병장 M씨 역시 아직도 부모님께 손을 벌리고 있다는 게 부끄럽다고 말했다.

월급이 오른다면 이들은 무엇을 하고 싶을까? 경기지역 부대에 복무하는 육군 일병 H씨는 1년 학비인 500만 원이라도 모아서 나가고 싶다고 했다. 그 돈을 전역 후 여행자금으로도 쓰면 좋겠다고 말했다. 강원도지역 부대에 복무하는 육군 상병 I씨는 휴가 때 입을 옷을 살 것 같다고 말했다. 군인들도 멋있는 옷을 입고 싶어 한다고 쑥스러워했다. 반면 돈이 부족한 게 너무 익숙해 사고 싶은 것이 떠오르지 않는다고 한 스물두 살 육군 상병 J씨는 즉흥적으로 영화 관람을 하거나 여행을 가고 싶을 때 돈이 있으면 좋을 것 같다고 했다. 그는 전역하면 세상에 혼자 버려지는 기분이 들 텐데 미래를 대비할 수 있는 돈이 생기면 좋겠다고 덧붙였다. 2013년에 전역한 육군 예비역 K씨도 군복무가 시간을 버리는 기간이 아니라 약간의 경제적 활동을 하며 미래를 준비할 수 있는 기회라고 느끼게 되면 좋겠다고 했다.

오르락내리락하는 월급 산정에 문제의식을 갖는 장병도 있었다. 경기지역 부대에 복무하는 한 공군 병장은 2018년에는 월급이 거의 두 배 올라 이야기가 많았다며 군인 월급도 최저임금처럼 천천히 올라야 합리적이라고 했다.

군의 〈2021-2025 국방계획〉에 따라 2025년이면 병장 월급은 96만 3천 원이 된다. 2019년부터 '장병 월급 100만 원' 시대를 주장해온 정의당 심상정 대표는 징병제를 채택하는 국가 대부분은 장병에게 최저임금의 80퍼센트 수준의 월급을 보장해준다며, 군인 월급 100만 원을 위해서는 국방비의 0.8퍼센트인 3,700억 원만 더 쓰면 된다고 했다.

하지만 2020년 10월, 이채익 국민의힘 의원은 "봉급을 자꾸 인상하는 것은 포퓰리즘적인 복지정책이 아닌가"라며 반론을 제기했다. 이명박 정부에서 10퍼센트, 박근혜 정부에서 13.5퍼센트 인상했는데 문재인 정부가 네 배 가까이 올렸다는 것이 주장의 요지였다. 물론 군인 월급을 도로 낮추라는 말은 아니다. 국방비를 크게 지출해 월급을 올렸지만, 장병 복지는 그만큼 좋아지지 않았다는 설명이었다.

또 다른 야당 의원은 군인 월급을 100만 원으로 맞추면 연간 추가되는 소요예산이 3,700억 원이 훌쩍 넘고, 이는 결국 제대 이후 장병들이 갚아야 하는 혈세라는 점에서 전형적인 포퓰리즘 정책이라고 비판했다. 결국 장병 월급 인상으로 늘어나는 국방비를 어떻게 충당할지가 숙제로 남았다. 군인 월급 증가율이 정권에 따라 오르락내리락한다는 점 역시 짚고 넘어가야 할 문제이다. 군인권센터 역시 현행법상 군인의 지위가 명확하게 규정되어 있지 않아 월급이 체계적으로 정해지지 않고 있다며 '최저임금위원회'처럼 위원회를 신설해야 한다고 주장했다. 이에 국방부는 "군인의 월급은 국방부 내 군인복지위원회의 심의를 거친 뒤 정부부처(인사혁신처, 기획재정부)와 협의해 결정한다"고 답했다.

막연히 의무복무 병사의 월급이 올라야 한다고만 생각했다. 그렇다면 어디까지 올라야 할까? 얼마나 오르면 별 불만 없이 군복무를 할 수 있을까? 또 '청춘을 잃어버렸다'는 기분을 지울 수 있을까? 2022년 병장의 월급은 67만 원이라고 한다. 최저시급과 달리 군인 월급에 대한 논의는 후순위로 밀려났다가 요즘에서야 그나마 양지로 나왔다. 20대 시절 국가를 위해 소중한 시간을 희생하고 있는 청년들에게 우리는 어떤 대우를 해주어야 할까. 사회가 함께 합리적인 방안을 고민해야 할 때이다.

청년들은 왜 신천지에 끌릴까

위로가 필요한 청년들을 파고드는 신천지

2020년 1월, 신종코로나바이러스가 대한민국을 뒤덮었다. 당시 코로나19와 함께 떠오른 키워드가 있었는데, 바로 '신천지'였다. 대구 신천지 교회를 중심으로 코로나가 국내에 확산되었기 때문이다. 해당 교회를 통해 20대 확진자도 다수 발생했다는 소식이 들려왔다.

실제 통계를 봐도 당시 대구지역에서 코로나19에 감염된 신천지 교인 중엔 20대가 가장 많았다. 2020년 3월 기준 확진 판정을 받은 대구지역 신천지 교인 3,617명 중 20대가 38퍼센트(1,376명)였다. 신천지 교회에서 청년들의 활동이 활발했기 때문이다.

분명 개신교 교회와 성당엔 청년들의 발길이 줄고 있는데, 왜 많은 청년들은 신천지 교회를 찾고 있을까? 신천지 교회는 20대들에게 어떤 매력이 있을까? 솔직하고 소신이 뚜렷한 '밀레니얼'과 '신천지'라는 단어는 도무지

어울리지 않는다는 생각이 들었다. 그래서 신천지 교회에 다녔던 20대 청년 A씨를 만나 직접 이야기를 들어보기로 했다. 대구에 사는 A씨와의 만남은 서울 종로구 한 카페에서 성사되었다.

A씨는 2015년부터 4년간 신천지 대구교회에 몸담았다. 대입 수능을 마친 직후부터 군대에서 전역할 때까지 신천지 교회에 다녔다. 청년회에서 직책도 맡았던 그의 휴대전화에는 교인 연락처만 1천여 명 저장되어 있었다. A씨는 "광주 베드로지파에 청년이 가장 많아요. 대구 다대오지파는 전국에서 세 번째로 청년이 많구요"라고 했다. 신천지 대구교회에만 청년들이 5~6천 명은 된다고 한다. 전체 교인의 절반 이상이었다. 하루에도 청년들이 200~300명씩 새로 올 때도 있었다고.

A씨는 처음 신천지를 접했을 때를 떠올리며 이렇게 말했다. "돌이켜보면 저한테 했던 전도도 '얼띄'였던 거예요." '얼띄'는 '얼굴 띄우기'의 줄임말이다. 전도 대상자에게 신천지 교인이 또 다른 신천지 교인을 자연스럽게 소개하는 걸 말한다. A씨는 대입 수능이 끝난 뒤 재수에 대한 고민을 친구 B씨에게 털어놓았다. B씨는 자신이 도움을 받았던 선생님이라며 교사 C씨를 소개해주었다. 알

고 보니 B씨와 C씨 모두 신천지 교인이었다. A씨가 고민을 털어놓자 C씨는 심리 치료가 필요하다며 상담을 권했습니다. 신천지 교인들은 이를 '환자 만들기'라고 부른다. 자신을 환자로 인식해 도움이 필요하다고 느끼게 하는 방법이다.

당시 C씨는 휴대전화가 망가지면 서비스센터에 가지고 가듯이 사람이 잘못되면 사람을 만든 곳으로 가야 하지 않겠냐고 했다고 한다. 자연스레 신에 대해 대화하고 성경공부를 권유하였다. 이때부터 '복음방'이라고 불리는 성경공부가 시작되었다. 신천지 내에서는 '얼띄' 외에도 선물을 주는 '감동 주기', 소개 역할을 하는 '사귐이', 1주일에 열 명이란 전도 목표 달성을 의미하는 '목달', 학교 등 일상에서 전도하는 '생활 섭외' 등의 용어를 자주 사용한다.

A씨는 "20대는 누구나 고민이 많고 상처가 있을 텐데 신천지 교인은 고민을 잘 들어줘요. 그래서 심리적으로 의지하게 됩니다"라고 설명했다. 그는 "한 명에게 고민을 말하면 들은 내용을 교인들끼리 공유해 머리를 맞대고 전도 방식을 짭니다"라고도 덧붙였다. 그래서 신입 교인 중엔 20대 중후반보다는 대입 수능을 막 끝낸 10대 후반

혹은 20대 초반의 청년이 제일 많다고 한다.

A씨는 청년회가 신천지 성장의 원동력이라고 했다. 청년층이 신앙·전도 등에 활동할 수 있는 시간이 가장 많기 때문이란 해석이다. 그는 장년회에 속한 교인들은 직장에서 많은 시간을 보내고, 부녀회 교인도 가정을 돌보거나 직장 생활을 해 청년만큼 시간을 내기 어렵다고 했다.

신천지 교회 내부엔 '여자 한 명, 남자 한 명이 함께 말을 걸 때 반응이 좋다' '100명에게 말을 걸면 한 명이 전화번호를 준다'는 통계도 있다고. 그래서 최근엔 길거리에서 하는 '노방 전도'는 줄이고 '문화 전도'가 늘고 있다고 한다. '문화 전도'는 음악 동아리, 하루 단위 취미 클래스 등을 통한 전도를 말한다. A씨는 대구 소재 대학의 한 동아리 이름을 언급하며 겉보기엔 취미 동아리지만 사실 신천지 동아리라고도 말했다.

A씨도 수년간 신천지 오케스트라에서 활동했다. 밴드, 축구 동아리, 네일아트, 캘리그라피 강좌, 독서토론 등 대구에서 활동하는 '문화 전도' 단체가 열 곳이 넘는다고 했다. 하지만 그렇다고 그들이 무작정 전도를 하는 것은 아니다. 전도 대상자를 선정할 때 심성·인성·경제력 등을 종합 판단한다. A씨는 "구체적인 금전 상황을 보는 건 아

니지만, 센터를 오갈 수 있는 교통비 등 최소한의 경제력이 있는 사람을 전도 대상으로 봅니다. 빚이 많으면 '전도 불가능자'로 규정하구요"라고 말했다.

신천지 교회에선 개신교 등 여느 종교와 달리 20대 청년에게도 중요한 직책을 준다. A씨는 "사실 청년들은 직업도 없고 밖에선 보잘것없는 존재이지만, 신천지 교회 안에서는 '팀장님' '부서장님'이라고 불리며 하늘 같은 대접을 받습니다. 여기에 취하는 청년들도 있습니다"라고 전했다.

A씨에 따르면, 신천지 교회는 《요한계시록》을 근거로 사명자 14만 4천 명 안에 들어야 한다고 가르친다. 사명자가 되기 위해선 예비 사명자 교육을 들어야 하고, 그 교육을 듣기 위해선 부구역장이 되어야 한다.

신천지 활동을 하다보면 교회 중심으로 인간관계가 형성되는 경우가 많다. 그래서 인간관계의 단절을 우려해 신천지를 그만두지 못하는 청년들도 꽤 있다. A씨는 (신천지 교인임을) 일반 친구에겐 숨겨야 하므로 교회 밖 인간관계는 단절되는 경우가 많다고 했다. 신천지를 나가면 모든 인간관계가 끊어지는 것이나 마찬가지라 탈퇴를 꺼리는 이들도 있다고 한다. 신천지에선 탈퇴하는 사람을 '개'

'돼지' '미혹자'라고 부른다.

인터뷰를 마칠 때쯤, 코로나19가 신천지 교인들 사이 퍼진 것에 관해 묻자 A씨는 이렇게 말했다. "요즘 신천지 가 비판받고 있잖아요. 사실 신천지에선 (청년들에게) SNS 도 하지 말고 외부 기사도 보지 말라고 해요. 비판의 화살 은 청년들이 아니라 신천지 지도부를 향해야 하지 않을 까요?"

A씨와 만나고 헤어진 뒤, 신천지 교회를 다녔던 청년 10여 명과 이야기를 더 나눠보았다. 더 많은 목소리를 듣 고 싶었다. 이들이 하는 말도 A씨와 크게 다르지 않았다. 신천지에서 벗어나지 못하는 이유로 '신천지에 가면 대우 를 받을 수 있다' '또래 친구들과 유대관계를 형성해 쉽게 빠져나올 수 없었다' 등을 꼽았다. 결국 신천지는 일부 청 년들의 안식처가 된 셈이다. 위로받을 곳이 필요해 신천 지로 향한 청년들을 무작정 비판하기엔 청년들을 둘러싼 현실은 여전히 차갑기만 하다. 취재를 마치며 든 분명한 생각이 있다. 신천지 교회에 다닌 혹은 다니는 청년들에 게 필요한 것은 '낙인'이 아니라 '위로'란 사실이다.

'구찌'를 주문하니 마약이 배송 완료

마약 진입 문턱 왜이리 낮아졌나

'물게' '골뱅이'…… 처음 접하는 단어에 당황했던 기억이 난다. '버닝썬 사건'이 수면 위로 올라왔을 때의 이야기다. 이 단어들은 '물' 좋은 '게'스트와, 술에 취해 몸을 가누지 못하는 여성을 표현하는 은어다. 이 은어를 이해했을 땐, 클럽을 찾은 여성들이 성범죄의 타깃이 되었다는 걸 알고 난 뒤였다.

클럽에서 마약을 하는 남성들이 MD(클럽 매니저)에게 '물게'와 '골뱅이'를 골라달라고 하면, MD가 여성들을 데리고 왔다. 그러면 남성들은 여성들에게 마약을 주고 성범죄를 저질렀다. 마약이 클럽에서 공공연히 유통된다는 걸 알면서도 묵인한 건 경찰이었다. 승리, 정준영 등 유명 연예인들이 이와 연루되었으며, 불법 촬영 동영상을 공유한 정준영 등은 구속되었고, 이 사건으로 일곱 명의 연예인이 연예계를 은퇴하거나 퇴출당했다. 버닝썬 사건이 대한민국을 뒤집은 후, 클럽 내 풍경은 어떻게 바뀌었을까?

'여전하다'라고 표현하기보단 '더 심각해졌다'라고 표현하는 게 맞았다. 클럽에서는 더 교활한 방법으로 마약이 유통되고 있었고, 청년들은 마약 운반책으로 나서기도 했다. 마약의 늪에 빠진 청년들의 이야기를 들어보았다.

"여자 게스트 클럽 입장료 공짜, 남자는 기껏해야 2만 원. 마약에 대해서 아무것도 모르는 일반인이 클럽에 들어가서 봐도 '저 사람 약했구나'가 보여요. 마약을 한 뒤 코를 쿵쿵대는 애들도 있고…… 아픈 줄도 모르고 혀를 씹고 있는 애들도 있어요. 입장하면 거긴 그냥 준다니까요? MD에게 'ㅇ(마약를 뜻하는 은어) 있어요?' 하면 '잠시만요' 이래요."

한 제보자가 설명한 클럽 풍경이다. 버닝썬 사건 이후로 잠잠해진 줄로만 알았던 클럽 내 마약 거래가 다시 고개를 들고 있다는 제보였다. 더불어 온라인에선 신종 거래 방식도 등장했다. 이렇게 마약을 구매하고 유통하는 사람들은 대부분 20대 초중반이다.

대검찰청이 발표한 2020년 마약류 범죄백서에 따르면 20대 마약사범은 최근 4년 사이 약 3.5배가량 늘었다. 마약사범으로 검거된 사람은 2015년 1,305명. 그 후 5년만에 2020년 4,493명으로 세 배가 넘게 늘었다. 게다가 마약사범들의 연령을 살펴보면 20대가 1위다.

"동생이 마약을 끊어야 하니까…… 아무리 끊으려 해도 잘 안 되고 유통에까지 손을 뻗어 제가 제보하게 되었어요. 20대 초중반 애들이 다단계로 마약 유통에 몰려 있는 상황이에요, 지금."

경찰에 자수한 지인을 대신해 A씨는 제보를 결심했다. 마약 거래가 그 어느 때보다 빠르게, 10대와 20대들의 유통망을 통해 확산되고 있기 때문이다.

"마약 제조업자가 제조한 다음에 다 뿌리죠. 그럼 20대 애들이 클럽에 뿌리고…… 제조업자는 누군지 아무도 몰라요. 일단 (누군가) 마약 하나 받는 데에만 최소 30명 이상이 연결되었다고 볼 수 있어요." 마약에 손댄 20대들은 대개 클럽 등에서 '한번 해보라'는 권유를 받고 호기심에 시작하는 경우가 많았다. 여기서 적잖은 수가 소비자에 머물지 않고 직접 유통에까지 손을 뻗게 된다. 다른 사람에게 판매하면 본인에게 마약을 구입할 돈도 생기고, 종전보다 더 싼 가격에 마약을 구할 수도 있다는 점 때문이다. 이들은 다단계 판매조직을 연상시키는 마약 유통망에서 중간책 역할을 맡아 유통을 담당하게 된다.

제보자에 따르면, 중간 역할로 마약을 전달한 10대와 20대는 한 명당 3~5만 원가량의 차익을 남긴다. 구매를 했던 사람이 유통에 빠져들고 주변 지인까지 끌어들이는 식이다. 구매자가 많아질수록 판매자가 피라미드의 꼭짓점, 유통 총판으로 갈 수 있게 된다. 남성의 경우 21~22세 정도, 군 입대 직전의 연령대가 대다수다.

20대를 상대로 한 마약 거래는 주로 서울 강남 일대 클럽이나 인근 주차장에서 이뤄진다. 주차장 한편에서 마약을 하는 모습을 목격할 수 있다. 여기서 코카인, 케타민, GHB(일명 물뽕), 신종 엑스터시 '구찌' 등 다양한 마약이 거래된다.

2020년 여름엔 코로나19 확산으로 인한 '집합 금지' 조치로 강남 일대 클럽들이 영업을 중단했다. 그렇다고 마약 유통이 멈췄을까? 집합 금지된 클럽과 달리 집합 제한 상태로 영업 중인 룸살롱, 가라오케 등의 유흥주점으로 마약 유통이 옮겨갔을 뿐이다. 마약 유통에 뛰어든 20대들은 온라인을 통한 신종 판매수법도 고안해냈다. 각종 중고거래 사이트를 통해 마약을 판매했다. 코로나19의 확산으로 최근엔 온라인 거래가 활발해졌다고 관련 단체에선 걱정을 내비치기도 했다.

특히 엑스터시의 일종으로 불리는 신종 마약 '구찌'가 20대 사이에 급속히 유통되고 있다. 마약 구찌는 명품 브랜드인 구찌의 모조품 신발과 함께 거래된다는 점에서 이름을 따왔다고 한다. 명품 브랜드 이름을 사용하는 건 누군가 대화를 들어도 마약이란 의심을 할 수 없게 하기 위해서다. 판매자들은 중고 거래 게시글 제목에 넣을 암호를 구매자에게 미리 텔레그램 등을 통해 알려주고, 구매 희망자는 암호가 들어간 판매 글을 찾아 구매하는 식이다.

마약은 신발 밑창에 넣어 배송되어 감쪽같다. 이런 상품을 일반인이 모르고 구매할 가능성은 거의 없다. 판매자가 정상적인 구매 문의는 아예 받지 않을 뿐더러, 모조품에 마약까지 포함된 비싼 가격이라 일반인은 살 이유가 없기 때문이다. 이한덕 한국마약퇴치운동본부 예방사업팀 부장은 온라인에서 이뤄지는 거래는 판매 글이 올라와도 몇 시간이면 사라지는 특성상 단속에도 한계가 있는 상황이라고 전했다. "마약은 끝나지 않아요. 마약은 버닝썬 이후로 더 활성화되었어요. 몇 개월 동안 본 것만 해도 마약 활성화는 더 빨라지고 있어요." 제보자 A씨는 말했다.

암수율暗數率. 드러나지 않은 범죄의 비율을 뜻한다. 마약범죄를 이야기할 때 빠지지 않는 말이다. 마약범죄의 경우 실제 범죄의 수는 적발 건수의 20~30배에 달한다. 적발하지 못한 마약류 사범과 신종 마약은 훨씬 많을 거란 이야기다.

전문가들은 마약범죄의 특성상 가해자와 피해자를 구분하기 어렵다고 한다. 판매자는 금전적 이득을 취하고, 구매자는 약물로 쾌락을 얻기 때문에 거래를 차단하기 쉽지 않다는 말이다. 클럽이라는 음지의 공간에서 싼값에 마약을 할 수 있는 환경과 그에 대한 호기심은 청년들을 더 깊은 늪으로 빠지게 한다.

대한민국을 떠들썩하게 만든 뒤 몇몇의 주요 인물들은 갈음됐고 그 문제의 '버닝썬'도 문을 닫았다. 하지만 여전히 살아남은 클럽은 '제n의 버닝썬'이라는 이름으로 더 심각하게 곪아가는 중이다. '마약과의 전쟁'은 지금도 현재진행 중이다.

한때 '마약 청정국'이었던 대한민국은 어쩌다 마약과의 전쟁을 벌이게 된 걸까? 20대가 다른 연령층보다 온라인 문화에 익숙하기 때문에 마약을 판매하는 다크웹(특정 프로그램을 사용해야만 접속 가능한 웹사이트)에 접근이 쉽다는 점도 한몫했을 것이다. 그와 더불어 공동체보다는 개인의 쾌락, 진득한 노력으로 얻는 성취감보다는 단기간에 쉽게 얻는 즐거움을 추구하는 사회 분위기가 마약의 문턱을 낮춘 게 아닐까 하는 생각이 들었다. 마약에 손을 뻗는 청년들 그리고 이미 마약에 빠진 청년들에게 손길을 내미는 일도 우리에게 남은 숙제다.

※ 마약류 및 약물 남용에 대한 고민이 있거나 상담을 원할 경우 한국마약퇴치운동본부 예방상담소(☎1899−0893)에 전화하면 전문가의 상담을 받을 수 있습니다.

우리가
진짜
원하는
세상

Part. 2

채식하는 우리가 유별난가요?

김밖에 못 먹는 '비행청소년들'

고기를 누구보다 좋아하고 맛있게 먹지만, 아주 가끔 육류 소비에 죄책감을 느끼곤 한다. 그게 언제부터인지 생각해보니 정확히는 한승태 작가의 책《고기로 태어나서》를 읽고부터다. 이 책은 닭, 돼지, 개 농장에서 일한 저자가 눈앞에서 본 공장식 사육·도축의 현장을 생생하게 묘사한 내용을 담고 있다. 돈이 되지 않는 수평아리를 분쇄기에 넣어 갈거나 돼지들에게 전기충격을 가하는 장면의 묘사는 소름이 돋는다.

완벽한 채식주의자가 될 자신은 없다. 하지만 일주일에 하루라도 채식을 실천해보려고 마음먹었다. 물론 이 마음을 지키기가 쉽지 않다. 회식 자리나 친구들과 모임에서 고기를 안 먹겠다고 말하는 것조차 용기가 필요했다. 소위 분위기를 깨는 행동처럼 여겨졌으니까.

단체생활을 하면서 '채식주의'라는 소신을 지키기란

정말 어렵다. 동시에, 이것이 얼마나 힘든 일인 줄 알기에, 용기 없는 나와 달리 그 소신을 지켜나가는 용기 있는 사람들의 삶이 궁금해졌다.

여러 채식 관련 단체가 있지만, 그중에서도 내 눈길을 끈 건 '비행청소년'이었다. '비행청소년'은 '비거니즘을 행동으로 실천하는 청소년'을 줄인 말이다. 단체급식을 하는 중고등학교에 다니는 학생이 채식을 어떻게 실천하는지 궁금했다. 그래서 서울시 마포구의 한 비건 빵집에서 '비행청소년' 활동가 세 명을 만났다. 전국 비건 청소년 서른두 명이 모여 '비행청소년' 활동을 하고 있었다.

"학교 급식에서 먹을 수 있는 게 밥밖에 없어서 밥을 물에 말아 먹었어요." '비행청소년'을 만든 열일곱 살 김가희 씨는 말했다. '비건Vegan'은 육류, 생선, 유제품을 섭취하지 않는 사람을 말한다. 채식을 할 뿐 아니라 동물의 가죽이나 털로 만든 옷도 입지 않고, 동물 실험을 거친 제품 소비도 지양한다. 김씨는 김치에도 새우젓이 들어가면 먹지 못한다며 "영양사 선생님이 챙겨주시는 김과 과일을 먹고 버텼어요"라고 했다.

또 다른 고충은 무엇이 있는지 묻자, "친구들은 급식시간만 되면 다들 신나는데, 저는 급식실에 들어가면 도살당하는 소·돼지의 모습이 떠올라 슬펐어요"라고 했다. 활동가 안윤재 씨는 이렇게 말했다. "고기가 들어간 볶음밥이 나오는 날엔 밥조차도 먹을 수 없었어요. 중학교까지 의무급식인데, 급식을 먹을 수 없어서 운동장에 나가 있거나 도서관에서 책을 읽었어요."

이들은 "너 참 어렵게 산다" "왜 손해를 보고 사냐"란 말을 많이 들었다고 입을 모았다. 어른들은 종종 "네가 아직 어리니까 뭘 몰라서 그런다"라는 말을 한다고. 아직도 우리나라에선 사람들이 여럿 모인 자리에서 채식주의자라고 밝히면, 유별난 사람 취급당하기 십상이다.

그럼에도 이들은 채식주의자의 삶을 택한 이유를 당당하게 밝혔다. 김가희 씨는 2년 전쯤 국제동물보호단체 페타PETA가 공개한 닭 도살장 영상을 보았는데, 이후 고기가 음식이 아닌 사체로 여겨졌고, 그 후 고기가 목에 넘어가지 않아 자연스럽게 채식주의자가 되었다고 털어놓았다. 이예린 씨는 "지난해 배달의민족 '치믈리에' 행사장에서 '동물을 희화화하지 마라'라고 시위하는 사람들을 보고 비건에 관심을 갖게 되었어요"라고 말했다.

'비행청소년'은 육류 섭취뿐 아니라 축산 시스템 자체에 의문을 던졌다. 안윤재 씨는 축산업에 종사하는 사람들의 노동환경, 정신적 스트레스를 생각하면 그 역시도 노동 착취라고 했다. 김가희 씨는 육식을 흔히 '자연의 섭리'라고 하는데, 만약 그렇다 해도 공장식으로 동물을 좁은 곳에 가둬 키우는 게 과연 자연의 섭리인지 의문이 든다고 했다.

이들이 궁극적으로 원하는 건 채식 급식이 아니다. 그들에게 채식 급식은 비건을 실천하는 과정이고 수단일 뿐이다. 비건을 지향하는 사람을 함께 배려하고, 일상생활에서 조금이라도 동물권에 해가 되는 걸 줄여나가는 것이 그들의 최종 목표다.

안윤재 씨는 "실생활에서 샴푸, 칫솔, 수세미까지도 동물에게 해가 되지 않는 걸 택하고 있어요"라고 했다. 그는 주체적으로 동물착취를 거부하는 정치적 행위를 하고 있는데, 어른들은 청소년인 그들이 이런 삶을 스스로 선택했다고 믿어주지 않는다고 말하며, "청소년을 어른과 동등한 인격, 주체로 봐주길 바랍니다"라고 당부했다.

이들 외에도 채식 급식권을 주장하며 프로젝트를 진행한 청소년들이 있다. 락토-오보(Lacto-Ovo, 육류는 먹지 않지만 유제품 및 달걀은 섭취하는 채식)를 선택한 이들은 SNS를 통해 '채식주의자의 시선에서 바라본 학교 급식' 프로젝트를 진행했다. 현행 급식에서 채식주의자들이 먹을 수 없는 음식을 흑백 처리해 SNS에 올렸다. 이 학생들은 피터 싱어의 책 《동물해방》을 읽고 동물과 인간이 평등하다는 걸 처음 알게 되었다며 도축방법이 잔인하고 육식이 얼마나 환경을 파괴하는지 알고 충격을 받았다고 입을 모았다.

이런 활동을 시작한 건 사람들에게 채식을 강요하기 위해서가 아니다. 김민교 학생은 채식주의자 청소년들이 급식 중 먹을 수 없는 음식이 얼마나 많은지 시각적으로 보여주고 싶었다며, 주변 친구들에게라도 동물권이라는 개념을 알리고, 채식 급식권의 필요성을 알리는 게 목표라고 말했다. 하현정 학생은 채식을 실천하려는 학생들이 급식 시간에 밥밖에 먹을 게 없어 김을 따로 챙겨와 먹곤 하는데, 일부 학생은 체육 시간에 어지러워 쓰러질 것 같다고 토로한 적도 있다고 했다.

이들은 급식 전체를 채식으로 바꿔달라고 요구하지 않는다. 채식을 원하는 학생들에게만 신청을 받아 대안 급식을 마련해달라고 요청한다. 그들은 "우리를 부정적으로 보거나 이해하지 못하는 어른들도 있지만, 지금 흑인 인권과 여성 인권이 당연한 권리인 것처럼 미래엔 동물권을 당연히 여기는 시대가 올 거라고 믿습니다"라고 말했다.

채식 급식권은 지나치게 허황된 이야기일까? 프랑스는 유치원 및 초·중·고등학교에서 주 1회 채식 급식을 의무화했다. 광주광역시교육청 관할 학교들도 지난 2011년부터 주 1회 채식 급식을 제공한다. 책《요리를 멈추다》의 저자 심채윤 PD는 네덜란드, 프랑스 학교에선 채식을 기본으로 제공하고, 생선이나 쇠고기를 추가로 선택할 수 있도록 한다며 우리나라도 이런 방향으로 나아가야 한다고 했다.

서울대학교, 동국대학교, 국민대학교 등 일부 대학교에서는 채식 학식을 운영하고 있다. 채식 학식을 먹고 있다는 서울대학교 대학원생 유진석 씨는 채식주의자는 아니지만, 탄소 배출량 감소를 위해 육류 소비를 줄이고 있다고 했다. 가격(학교 구성원 6,500원, 비구성원 7,500원)은 일반 학식보다 조금 비싸지만, 맛은 만족스럽다고 말했다.

전문가들은 채식을 택한 청소년들의 선택을 존중해야 한다고 입을 모은다. 조길예 기후행동비건네트워크 대표(전남대학교 명예교수)는 무상급식으로 학생들의 식사 평등권은 보장되었지만, 채식하는 학생들의 권리는 배제되고 있다고 했다. 기후변화의 심각성을 느낀 뒤 혹은 동물 보호 목적으로 채식을 택하는 청소년은 가정에서도 부모님과 불화를 겪곤 하는데, 이들을 이해하는 사회 분위기가 조성되어야 한다고 조언했다. 정명옥 안양 삼성초등학교 영양 교사는 채소에도 단백질이 있는 만큼 완벽한 친환경 농축산물을 급식으로 제공하고 채식을 원하는 친구들에게 선택권을 줘야 한다고 말했다.

처음 '비행청소년'을 만난 2019년에는 채식 급식을 제공하는 곳이 광주광역시뿐이었다. '비행청소년'을 소개하는 기사가 나간 뒤 이들을 비난하는 목소리도 많이 들렸다. "유난 떤다" "비건 용 도시락을 싸가지고 다니면 되지 학교에 너무 많은 걸 요구한다" 등의 내용이었다. 하지만 이후 반가운 소식이 속속 들려왔다. 2021년부터 서울시와 인천시 교육청을 비롯해 대구·충남·충북교육청에서 최소 월 1회 채식 급식을 제공하기 시작했다고 한다.

자신의 목소리를 주저하지 않고 낸 '비행청소년'을 비롯한 채식 활동가들의 노력이 없었다면 채식 급식권은 여전히 먼 나라 이야기였을 것이다.

엄마와 아들이 함께한 커플 문신

타투이스트 '불법과 편견 사이'

어린 시절 아버지와 함께 목욕탕 가는 걸 좋아했다. 아버지가 웃통을 벗는 순간 주변 아저씨들의 시선이 모두 아버지의 왼쪽 어깨로 쏠리는 게 재밌었기 때문이다. 아저씨들의 시선이 모이는 그곳엔 앞발톱을 드러낸 채 사납게 울부짖는 호랑이와 '영웅불사'(英雄不死, 영웅은 죽지 않는다)라는 한자어가 장쾌하게 새겨져 있었다. 덕분에 나는 문신에 대한 편견이나 거부감 없이 자랐다. 하지만 생각지도 못한 계기로 문신에 대한 우리 사회의 편견을 마주하게 되었다.

2018년 강서구 PC방 살인사건의 범인 김성수의 사진이 공개되었을 때 일이다. 화근은 그의 목에 새겨진 문신이었다. 인터넷 기사 댓글 창에 적힌 "이래서 '문신충'은 걸러야 한다"는 댓글이 많은 이들의 공감을 받았다. 편견을 넘어 혐오의 대상이 되어버린 문신. 그렇다면 문신을 직업으로 삼아 일하는 이들의 생각은 어떨까?

"어머니랑 아들이 같이 작업실로 찾아오신 적이 있어요. 왼쪽 손목에 올리브 잎 모양 타투를 새기고 가셨죠. 타투에 대한 인식이 좋아지긴 했다는 생각이 들더라고요." 의미 있었거나 기억나는 작업을 꼽아달라고 하자 타투이스트(문신사) '파이'가 대답했다. 고등학생 때 미대 입시를 준비한 그는 불현듯 타투에 매력을 느껴 타투이스트가 되었다.

"학창 시절 당한 집단 따돌림으로 트라우마를 겪는 분께 거울을 새겨드렸어요. 나쁜 기억에서 해방되길 바라는 의미로요. 타투를 볼 때마다 자신감이 생긴다며 몇 달 뒤 고맙다고 연락이 왔어요." 7년차 타투이스트 '판타'도 경험을 들려주었다. 미대를 졸업하고 디자인 회사에 다니던 그는 지인 추천으로 타투의 세계에 발을 들였다.

몸에 새긴 그림, 타투를 보면 조폭부터 떠오를까? 타투는 옷이나 헤어 스타일처럼 자기표현의 수단으로 우리 사회에 자리 잡는 중이다. 하지만 아직은 의사 면허증이 있는 사람만 시술할 수 있어 대다수 작업은 불법이다. 예술과 불법 사이, 어정쩡한 위치에 자리한 타투. 우리는 여성 타투이스트 세 명과 만나 이야기를 나눠보았다.

"타투를 보고 놀라는 사람보다 디자인이 어떤지 평가하는 사람이 더 늘었어요. 의사인 저희 아버지도 제 작업물을 보시고 예쁘다고 칭찬해주세요." 8년차 타투이스트 '플라워'는 타투에 대한 인식이 달라졌다고 말했다. 그는 의사, 간호사, 유치원 교사 등 다양한 직업의 사람들이 찾아온다고 했다. 실제 조사결과도 그의 말을 어느 정도 뒷받침한다. 2021년 6월 한국갤럽의 조사에 따르면 전국 만 18세 이상 1,002명 중 의사가 아닌 사람도 자격을 갖추면 타투를 시술할 수 있게 하는 '타투업' 법안에 찬성하는 사람이 51퍼센트, 반대하는 사람은 40퍼센트였다. 다만 TV 출연자의 타투를 가려야 한다고 생각하는 사람은 47퍼센트로 그럴 필요 없다는 사람(47퍼센트)과 동률이었다. 타투에 대한 우리 사회의 거부감이 완전히 사라졌다고 보긴 어렵다는 사실을 알 수 있다.

특히 여성과 타투는 어울리지 않는다고 보는 사람들이 있었다. 파이는 "동료들과 찜질방에 갔다가 '계집애 몸에 저게 뭐야'라고 시비를 거는 아저씨를 만난 적이 있어요. 버스에선 팔에 침을 묻히면서 '이거 지워지냐'고 묻는 할머니도 있었고요"라고 털어놨다. 이들에게 불량한 이미지를 덧씌우는 경우도 적지 않다. 그래서 편견을 덜어내고 응원해주는 사람들의 말은 힘이 된다. 판타는 친구 부모님이 자신의 SNS를 팔로우하는데 '작업 잘 보고 있다'고 말씀하기도 한다고 했다. 먼저 손을 내밀어주는 어른들을 보면서 인식이 달라진 걸 느낀다고.

법의 테두리 밖에서 일하는 직업이기에 현실적 어려움도 없지 않다. 특히 비슷한 환경의 남성 타투이스트와 비교하면 신경 쓸 일이 훨씬 더 많다고 한다. 파이는 여성 타투이스트와 달리 남성 타투이스트에게는 손님이 오히려 극존칭을 쓰는 경우도 있다고 했다. 밀폐된 공간에서 고객과 둘만 남아 작업하는 경우가 많아 안전도 늘 고려의 대상이다. '강남 왁싱숍 살인사건'이 남 일처럼 느껴지지 않는 이유다. 2017년 30대 여성 혼자 운영하던 서울 강남의 왁싱 가게에 한 남성이 침입해 강도 살인을 저지른 사건이 있었다. 그 사건 이후 판타는 교류가 뜸했던 지인들에게서 많은 연락을 받았고, 부모님도 딸이 안전한 곳에서 일하고 있는지 늘 걱정하신다고 했다.

일부 남성의 성性적 접근도 이들을 위협한다. 플라워는 께름칙한 기억을 떠올렸다. 얼마 전 자신의 소셜미디어 계정에 요가하는 모습을 찍어 올렸더니 한 남성이 성기에 타투를 해줄 수 있는지 물어온 것이다. 그는 "타투 하는 20대 여성을 바라보는 시선은 일을 막 시작했던 7년 전과 달라진 게 없는 것 같아요"라고 토로했다. 판타 역시 "아직도 타투 하는 여성을 '쉬운 여자'로 생각하고 접근하는 사람이 있어요"라며 아쉬워했다.

타투 시술이 불법이라는 걸 알고 악용하는 고객도 있다. 파이는 3년 전 팔에 시술받은 고객이 모양이 마음에 들지 않는다며 환불을 요구한 이야기를 들려줬다. 환불을 해주었지만, 경찰에 신고하겠다는 협박으로 이어졌다고 한다. '세금을 내지 않고 돈 벌고 있는 거 다 안다' '신고해버리겠다'라는 식의 협박이었다. 실제 타투이스트 대부분이 오피스텔에서 사업자등록 없이 시술하다 보니, 악성 고객 앞에서도 쩔쩔맬 수밖에 없는 실정이다. 관리의 사각지대에 놓여 있으니 국가에서 업장의 소재를 파악하기 어렵고, 나라의 보호를 받기도 어렵다. 인터뷰가 끝날 때쯤 파이는 이 말을 덧붙였다. "법의 보호를 받지 못하는 직업이니까 언제 밥줄이 끊길지 몰라 항상 불안하죠. 저희도 정식으로 세금 내고, 안정적으로 보호받으면서 일하고 싶어요."

이들의 시술이 불법인 이유는 우리 법이 타투를 '의료

행위'로 보기 때문이다. 1992년 대법원은 반영구 눈썹화 장을 포함한 모든 문신 시술은 의료인만 할 수 있다고 판결했다. 작업자의 실수로 시술이 잘못되거나 문신용 침 때문에 질병이 전염될 수 있다는 우려 때문이었다. 면허가 없는 사람이 타투를 하면 의료법과 보건범죄단속에 관한 특별조치법에 따라 처벌받는다. 우리와 같은 이유로 타투가 불법이었던 일본에선 최근 판결이 뒤집혔다. 2020년 9월 우리나라 대법원에 해당하는 최고재판소는 "문신은 의료와 달리 예술적 기술이 필요하며, 오직 의사만이 수행할 수 있는 행위로 볼 수 없다"는 판결을 내렸다.

우리 국회에서도 타투를 합법화하려는 움직임이 일고 있다. 전문 지식과 면허를 갖춘 사람에게 타투 시술을 허용하는 '문신사법'이 2020년 10월에 발의되었다. 정의당 류호정 의원은 2021년 6월 16일 국회 앞에서 타투업법 제정을 촉구하는 기자회견을 열며 등에 타투 스티커를 붙인 채 나타나 화제였다. 문신사법을 대표 발의한 더불어민주당 박주민 의원은 전 세계 수많은 나라에서 타투는 부수적인 의료행위가 아닌 전문 직업의 영역으로 들어와 있으며, 이미 청년들에게 익숙한 문화와 산업인데 이를 규제하는 건 옳지 않다고 말했다. 의료계와 타투

업계의 반응은 엇갈린다. 대한의사협회는 '문신사법 제정안에 대한 의견'을 통해 반대 의사를 밝혔다. 반면 김원규 사단법인 한국패션타투협회 수석부회장은 30년 전 판결로 생계 수단을 불법이라고 처벌하는 곳은 우리나라뿐이라며 문신사 자격증을 도입해서 실력 있는 문신사들이 위생적이고 완성도 높은 결과물을 낼 수 있게 해야 한다고 강조했다.

여전히 타투를 바라보는 시선은 갈린다. 이런 상황 속에서 타투이스트들은 편견과 맞서고 있지만, 조금씩 변화의 가능성도 보인다. 앞서 언급했던 한국갤럽 조사에 따르면 20대의 81퍼센트가 문신사법 제정에 찬성했고, 타투를 가릴 필요가 없다고 생각하는 사람도 71퍼센트에 달했다. 연령대가 낮아질수록 타투를 긍정적으로 보는 사람이 많다는 뜻이다. 타투를 향한 막연한 혐오와 공포도 언젠가는 '옛날이야기'가 될 것이다.

암 4기 진단도 유튜브에

젊은 암 환자들의 '조금 다른' 투병기

코로나19 탓에 새로운 만남이 뚝 끊긴 2020년 겨울, 유튜브에 '브이로그'(Vlog, 자기 일상을 영상으로 찍어서 유튜브 등 소셜미디어에 올린 게시물)를 검색하는 게 한때 나의 취미였다. 비대면이 일상인 시대에 다른 사람의 잘 정돈된 하루를 구경하는 데 소소하게 재미를 붙였다. 그렇게 논픽션과 픽션 사이 즈음에 있는 남의 하루를 무심히 흘려 보다가 한 영상에 시선이 꽂혔다.

"암이 꽤 많이 퍼져 있는 상황이야. 수술로 큰 혹은 다 떼어냈는데 자잘한 암세포 씨 같은 것들이 많이 남아 있어서. 기수로 따지면 4기야." 마주 앉은 환자에게 조직검사 결과를 전하는 의사. 느린 피아노 선율이 배경음악으로 깔린다. 음악이 멈추고 젊은 남성이 묻는다. "4기도 완치 사례가 있는 거잖아요?"

의사가 한숨을 쉬며 대답한다. "있지. 엄밀히 말하면 지금은 힘든 상황이긴 하지만……"

삶과 죽음의 경계에 선 암 환자가 주인공인 영화나 드라마 속 장면 같지만, 이것은 실제 상황이다. 20대 후반인 임현준 씨가 자신의 유튜브 채널에 올린 '암 진단할 때 의사는 뭐라고 이야기할까?'라는 제목의 동영상 중 일부다. 대장암 4기 진단을 받던 날 임씨가 주치의와 실제로 나눈 이야기다. 임씨처럼 암 투병기를 다양한 방식으로 고백하는 이들이 늘고 있다. 위암 4기 진단을 받은 스물여섯 청년이 주인공인 웹툰 〈아만자〉도 그중 하나다. 2014년 '오늘의 우리만화상' 문화체육관광부장관상을 받고, 드라마로 재탄생했을 만큼 인기였다. 작가인 김보통 씨는 암으로 아버지를 잃은 개인적 경험에서 시작된 작품이라고 밝혔다.

숨기고 싶을 수 있는 암 투병기를 모두에게 공개하는 이유는 무엇일까? 우리는 브이로그·웹툰·에세이 등 다양한 방식으로 암세포와의 싸움을 고백한 2030 환자들을 만나보았다.

"어제 여섯 시간 동안 항암제를 맞고 (몸이) 녹아서 집으로 왔는데 그것도 모자라 (항암제가) 집까지 따라왔습니다. 방향제처럼 생긴 이게 항암제입니다."

오른쪽 쇄골 밑에 주삿바늘을 꽂은 채 항암제를 주입하는 임현준 씨. 집에서 항암치료하는 모습이 담긴 그의 동영상은 유튜브에서만 48만 회 넘게 재생되었다. 경기도에서 작은 칵테일 바를 운영하던 임현준 씨는 2020년 5월 병원을 찾았다. 수시로 찾아오는 복통과 몸살 때문이었다. 별생각 없이 검사를 했는데 조직검사 결과는 대장암 4기로 나왔다.

　그는 그렇게 20대 후반에 암 환자가 되었다. '곧 죽을 수 있다'는 생각에 우울감에 빠진 것도 잠시, 대학에서 영상 디자인을 전공한 임씨는 카메라를 들었다. 암 환자의 유튜브 채널이라고 해서 눈물샘을 자극하는 영상만 있을 거라 생각하면 오산이다. 반려견 '김밥이'와 떠난 여행, 동물원 나들이 등 또래와 다를 것 없는 평범한 일상이 대부분이다. 물론 완연해지는 병세를 감출 수 없기에 항암치료 과정까지 있는 그대로 보여준다. 그는 "자신의 투병기를 웹툰이나 동영상으로 표현한 환자들을 보며 '나도 뭔가 할 수 있겠다'는 용기를 얻었어요. 내 영상이 암 환자뿐 아니라 많은 사람에게 힘이 되길 바라는 마음에서 유튜브를 시작했습니다"라고 말했다.

　그림 실력을 살려서 암 투병기 만화를 그리는 환자도

있다. 스무 살인 김성원 씨는 자신의 인스타그램 계정에 소아암 병동에서의 일상을 담은 웹툰을 올리고 있다. 중학생 때 예술고등학교 입시를 준비했던 그는 항암을 하면서 있었던 일이나 느꼈던 감정을 기록하고자 만화를 그리게 되었다고 한다. 지금도 그는 병동에서 만난 사람들과 자신의 이야기를 웹툰으로 그리고 있다.

불쌍해하거나 꺼리거나…… 젊은 암 환자를 향한 불편한 시선에 당사자들은 돌직구를 날리기도 하였다. '흉선암 투병일기' 블로그를 운영하는 30대 이정은 씨도 그중 한 명이다. 지난 4월 항암치료 후 머리가 빠지기 시작하자 자신이 겪었던 일에 대한 단상을 블로그에 올리기 시작했다.

처음 블로그에 글을 쓴 이유는 흉선암 정보를 공유하기 위해서였다. 그렇게 쓴 글이 자연스레 '암 투병 에세이'가 되었다. 이씨는 항암을 하다보면 '굳이 살 이유가 있을까' 싶을 정도로 무기력해지는 날이 있다고. 그래서 나중에 세상을 떠나든 살아남든 기록을 남기고 싶었다고 전했다. 하지만 주위의 편견은 아픈 기록으로 남았다. 그는 항암주사를 맞으러 간 병원에서 대기하던 중 '쟤는 뭘 잘못했기에 저 나이에 암에 걸렸대' 같은 수군거림을 들은 적도 있다고 했다. 누구나 아플 수 있다는 생각을 갖고 암 환자를 대해주면 좋겠다고 당부의 말도 더했다.

암 환자에 대한 편견은 완치 후 사회 복귀에도 걸림돌이 된다. 7년 전 혈액암 진단을 받고 항암치료를 여섯 번한 끝에 완치된 30대 초반의 정승훈 씨는 말했다. "암이 나은 뒤에도 '넌 환자니까 힘든 일은 하면 안 돼'라는 말을 자주 들었어요. 그렇게 암 환자에게 꼬리표를 달고 동정하는 시선이 암 투병 사실을 밝히는 걸 꺼려지게 한다고 생각해요."

그래서일까. 그들은 더 적극적으로 자신의 목소리를 내려고 한다. 정승훈 씨는 2020년 4월 다른 암 경험자들과 함께 투병 생활을 다룬 책《암밍아웃》을 출간했고, 지금은 암 환자를 돕기 위한 사회적 기업 '윤슬케어'를 창업해 대표로 활동하고 있다.

투병기를 공개하는 2030 환자가 늘어나는 건 젊은 암 환자 증가율이 높은 것과 관련이 있다. 2019년 공개된 건강보험심사평가원의 '최근 5년간 5대 암 진료 환자 현황'에 따르면 5대 암으로 치료받은 20대 환자는 3,621명 (2014년)에서 2만 1,741명(2018년)으로 연평균 44.5퍼센트 증가했다. 전 연령대를 통틀어 가장 높은 증가율이다.

다만 암 환자의 생존율도 같이 높아지는 추세다. 2019년 보건복지부·중앙암등록본부가 발표한 '2017년 국가암등록통계' 분석 결과를 보면 암 진단 후 5년 넘게 생존한 국내 환자는 처음으로 1백만 명을 넘어섰다. 암 환자가 5년 이상 사는 상대 생존율도 70.4퍼센트를 기록했다. 10년 전(42.9퍼센트)보다 약 1.6배 증가한 셈이다.

그래도 여전히 암에 걸렸다는 사실을 숨기고픈 이들이 많다. 용기 내서 자신의 병을 고백한 '선배'들이 전하고 싶은 이야기는 없을까. 암세포와의 싸움을 이겨낸 정승훈 씨는 인터뷰를 마무리하며 이렇게 전했다. "암에 걸렸다고 말했을 때 나한테 찍힐 낙인이 두려울 수 있어요. 하지만 본인이 잘못해서 암에 걸린 게 아니잖아요. 마음의 준비가 되었을 때 편하게 이야기를 꺼내면 좋겠어요. 내가 암 환자라고 해서 나를 욕할 사람은 없다는 걸 잊지 마시고요." 용기를 내어 암 환자로서 자신의 일상을 고백한 이들이지만, 인터뷰를 마칠 때 즈음엔 다들 비슷한 걱정을 털어놓았다.

"괜히 이 이야기를 듣고 (투병 사실을) 숨기고 싶은 젊은 환자들이 부담을 느끼는 건 아닐지 모르겠어요. 사실 숨기고 싶으면 끝까지 숨기라고 말씀드리고 싶거든요."

누군가에겐 '넌 젊으니까 금방 털고 일어날 수 있을 거야'라는 격려조차 상황에 따라 폭력적으로 느껴질 수 있다. 이들과 이야기를 나눈 뒤 투병 환자에게 감히 섣부른 위로를 건네는 것조차 조금 조심스러워지긴 했다. 하지만 용기를 내 투병 사실을 고백한 이들에게 한가지 하고 싶은 말이 생겼다. 용기를 내 투병기를 올려준 덕분에 그 누군가는 힘을 얻고 있다고 말이다.

'개말라'될 친구 구함

숨 쉬듯 매일 다이어트하는 '프로아나'

고등학생 때 한 아이돌 그룹이 출연한 다큐멘터리를 우연히 보았다. 컴백을 앞둔 그들이 숙소 인근 공원에서 운동을 하다 마실 것을 사러 편의점에 들른 장면이었다. 한 멤버가 이온음료를 집어 들자 다른 멤버가 말린다. "안 돼. 너 요즘 살쪘어. 음료수 말고 물 마셔." 반바지 아래로 한 줌에 잡힐 듯한 종아리를 드러낸 이들의 대화는 방송에서 철저한 자기관리처럼 그려졌다. 지금 돌이켜보면 관리를 넘어선 학대였다는 생각이 드는데 말이다. 그 기억이 갑자기 떠오른 이유는 얼마 전 마찬가지로 우연히 트위터에서 발견한 게시물 때문이다.

"개말라 되고 싶은 중딩입니다. 같이 28킬로그램까지 조이실 트친 구해요." 젓가락처럼 앙상한 다리, 모 걸그룹 멤버의 한 뼘 남짓한 허리 사진과 함께 올라온 글이었다. '#프로아나' '#프로아나트친소'라는 해시태그도 달려

106

있었다. 생소한 단어에 고개를 갸웃거릴 분을 위해 해석해보겠다. 윗글은 한 '중딩(중학생)'이 몸무게를 28킬로그램까지 함께 '조여(감량해)' '개말라(삐삐 마른 사람)'가 될 '트친(트위터 친구)'을 구한다는 뜻이다. 즉 함께 다이어트할 친구를 찾고 있다는 내용이다. 글쓴이는 '프로아나pro-anorexia'다. 음식을 거부하거나 두려워하는 병적 증상인 거식증을 옹호하고, 이를 동경하는 사람을 '프로아나'라고 한다. 트위터엔 이런 글이 한두 개가 아니다. '프로아나 친구를 찾는다'는 내용의 글이 매일 수십 개씩 올라오고, 글쓴이는 대부분 1020 여성이다.

"물에 타 마시는 발포 비타민이랑 게맛살 한 개만 먹죠. 배고픈 느낌은 3일 정도면 없어져서 금방 적응돼요."

트위터에서 만난 중학생 A양이 들려준 하루 식단이다. 몸무게가 40킬로그램 중반인 A양은 38킬로그램을 목표로 살을 빼고 있는 프로아나였다. 매일 자신의 식단과 몸무게를 트위터에 올리고, 다른 프로아나가 올린 '옆구리 살 빼는 운동법' 영상을 공유하기도 했다. 트위터에서 '프로아나'를 검색하면 깡마른 허리를 드러낸 아이돌 가수들의 사진과 영상이 쏟아진다. 간혹 자기 사진을 올리며 허벅지 살 빼는 운동 좀 추천해달라거나 먹토(음식을 먹고 억지로 토하기) 방법을 알려달라는 계정도 있다. 반면 이런 프로아나를 향해 '섭식장애를 옹호하는 건 비정상'이라고 비판하는 트위터 계정도 제법 많다.

이에 대해 A양은 어떻게 생각할까? 그는 "프로아나가 타인에게 피해를 주는 것도 아닌데 왜 비난하는지 모르겠어요. 어떤 아이돌 가수는 '다이어트 때문에 열흘에 한 끼 먹었다'고 하는데, 그건 괜찮고 프로아나는 나쁘다고 하는 게 이해되지 않아요"라고 대답했다.

이들은 왜 거식증을 옹호하면서까지 다이어트를 할까? 1년째 프로아나 계정을 운영하는 B씨는 조금만 살이 빠지면 예뻐졌다고 칭찬하는 주위 사람들이 있어서 살에 집착할 수밖에 없다고 했다. 선의를 가장한 외모 평가에 몸무게에 대한 강박이 심해진다는 설명이었다.

대중매체 속 아이돌의 가냘픈 몸매는 프로아나에겐 '다이어트 자극 짤'이다. A양은 "키는 큰데 몸무게는 나랑 비슷한 남자 아이돌 가수 사진을 보며 '굶어야겠다'고 다짐해요. 남들 눈에 날씬하게 보이려면 그 정도의 체형을 유지해야겠다는 생각이 들어요"라고 했다. 단식이나 다름없는 아이돌의 체중 감량은 프로아나 사이에선 '비법'으로 통하기도 한다. 한 인기 걸그룹 멤버는 연습생 시절

일주일에 7킬로그램을 빼기 위해 얼음 하나만 먹고 버텼다고 털어놨다. A양은 "아이돌 가수가 굶으며 살 빼는 건 당연하게 여기지 않나요? 저 같은 프로아나는 운동도 병행하면서 남보다 조금 덜 먹는 것뿐이니 문제될 게 없어요"라고 했다.

하지만 전문가들은 다이어트로 시작된 섭식장애가 심각한 건강 문제로 이어질 수 있다고 경고한다. 홍진표 삼성서울병원 정신건강의학과 교수는 소셜미디어가 활발해지면서 청소년들이 이미지에 관심을 갖는 건 흔한 현상이라면서도, 이미지에만 몰두하다 보면 대인관계를 건강하게 유지하기 어려워지고, 섭식장애와 함께 우울증이 찾아오는 경우도 많다고 했다. 오상우 동국대일산병원 가정의학과 교수도 섭식장애가 지속되면 생리불순이나 골다공증, 난임 등을 유발할 수 있다고 우려했다. 마른 사람을 '자기관리 잘하는 사람'으로 보는 우리 사회의 눈 때문에 거식증이 만연한다고 덧붙였다.

다이어트 때문에 섭식장애를 겪어본 사람들은 프로아나를 보며 무슨 생각을 할까? 이들은 섭식장애를 가볍게 보고 동경하는 사람을 보며 안타까워했다. 직접 겪어보지 못한 사람은 알 수 없는 고통이라고 입을 모았다. 키가 164센티미터인 10대 C양은 거식증으로 한때 몸무게가 30킬로그램까지 줄었다. 2년 전 언니를 따라 무턱대고 시작한 다이어트가 화근이었다. 계단을 걸어 올라가는 게 힘들 정도로 건강이 나빠지면서 좋아하던 태권도도 그만둬야 했고, 성격도 변해 친구를 사귀는 데 어려움을 겪었다. 결국 병원을 찾아 치료를 받아야만 했다. C양은 치료를 시작하고 나서도 한동안 음식 먹는 걸 무서워했다. 아직 어렵지만, 몸무게에 대한 집착을 버리는 중이라고 말했다. 그는 다른 거식증 환자에게 도움을 주고자 자신의 유튜브 채널에 섭식장애 극복기 영상을 올리고 있다. 스물네 살인 P씨는 다이어트 탓에 밥을 먹을 때마다 '먹토'를 한 적이 있다. 친구들과 함께 여행을 가서도 음식을 먹고 억지로 게워내기에 이르자 먹토를 그만두었다. P씨는 "토하고 나서 고개를 들자 거울에 새빨개진 제 얼굴이 보였어요. 자괴감이 밀려왔습니다. 건강을 지키려고 시작한 다이어트가 건강을 해치자 이건 아니라는 생각이 들었어요"라고 말했다.

다이어트를 위해 섭식장애를 동경하는 프로아나. 그런 그들에게 잘못이니 고치라고 손가락질만 하면 문제가 해결될까? P씨는 "개인을 탓하기 전에 미디어에 마른 몸을 끊임없이 노출하는 사회를 먼저 돌아봐야 해요. 모두 사회가 정한 미적 기준 때문에 고통받는 피해자이니까요"라고 말했다. 프로아나를 향한 일방적인 비난이 해결책은 아니라는 말이었다.

국민관심질병통계를 보면 2020년 기준 거식증 환자는 4,280명이다. 여성 환자(3,232명)가 남성 환자(1,048명)보다 약 세 배 많고, 거식증 치료 요양급여비용 총액의 64퍼센트가 1020 환자에게 들어갔다. 10대 여학생들이 주로 모이는 온라인 커뮤니티에선 '키에서 몸무게를 뺀 숫자가 110이 되어야 예뻐 보인다'는 일종의 공식도 떠돌고 있다.

트위터에서 프로아나 계정을 운영하는 B씨 역시 마른 몸매를 동경하는 사회에서 마른 몸을 가지려고 노력하는 사람을 비난하는 건 모순이라고 지적했다. 그리고 덧붙였다. "예전에 제게 '네가 어떤 모습이어도 괜찮다'고 말해준 지인이 있었어요. 그 사람 덕분에 한동안 몸무게에 대한 강박을 줄이려고 노력했죠. 프로아나가 잘못이라고 그들을 비난할수록 그들은 더더욱 굶으려고 할 거예요."

다행히 더디지만 변화의 움직임이 있다. 외국에서 시작한 '몸 긍정주의Body Postive'가 몇 년 전 우리나라에 소개된 이후 점차 익숙한 개념으로 자리를 잡는 중이다. 어떤 모습의 몸이든, 스스로 자신의 몸을 있는 그대로 인정하는 개념이다. 인위적으로 다이어트를 하지 않은 몸매를 가진, '내추럴 사이즈Natural Size' 모델도 패션쇼에 서고 있다.

주변의 누군가가 거식증으로 괴로워한다면 그들에게 "외모에 집착하지 말고 내면을 가꿔봐" 같은 교과서에나 나올 법한 훈계의 말은 하지 말자. "너 그러다 건강 해치니까 그만해" 같은 부모님의 꾸지람도 물론 아니다. 진정 필요한 말은 "네가 어떤 모습이든 괜찮아"라는 말이지 않을까?

저주의 말 '국평오' 왜 뜰까

국민 평균 5등급 실감

"혹시 '국평오'란 말 들어봤어요? 요즘 이게 저희 학교 커뮤니티에서 많이 쓰이는 말인데요. 저는 절반 정도 공감해요." 익선동의 한 술집. 서울대학교 3학년에 재학 중인 지인 A에게 들은 말이다. 당시 무슨 주제로 이야기를 하고 있었는지는 기억나지 않는다. 그저 그 단어에 꽂혀버렸다. 그 의미가 다소 충격이었기 때문이다. '국평오'는 '국민의 평균 수능 등급은 5등급'의 줄임말이다. 언뜻 보면 맞는 말로 보인다. 수능 등급체계가 1~9등급으로 이뤄진 걸 생각하면 그렇다는 말이다. 비슷한 단어로는 '대평오(대한민국 평균은 5등급)'가 있다.

그런데 이 단어는 '국민의 수준이 낮다' '국민 다수는 무식하다'라는 의미로 사용되고 있다. 어차피 국민의 지적 수준은 5등급이기 때문에 무지할 수밖에 없다는 뜻이다. 온라인 커뮤니티에 올라온 예시들을 살펴보면, "기사에 댓글을 보면 국평오인 게 실감 난다." "국평오인 걸 감안하면 '구형'과 '선고'를 구분 못 할 만하다"는 식이다.

한마디로, 국민의 수준이 낮다는 걸 지적할 때 '국평오'라는 용어가 사용된다. 특정 소수자 집단을 비하하는 용어가 아닌 국민 전체를 향한 표현이라는 점에서 기존의 차별·혐오 표현들과는 다르다.

이 신조어는 2~3년 전까지만 해도 일부 입시 관련 커뮤니티에서만 쓰였다. 요즘은 대학교의 익명 커뮤니티를 비롯해 온라인 공간에서 많이 쓰이고 있다. 단순히 웃고 넘길 신조어일까? 아니면 성적으로 줄을 세우고, 공부를 못하는 사람들에 대한 비하와 질타가 만연한 우리 사회의 단면을 보여주는 용어일까? 이 단어를 주로 사용하는 20대들의 솔직한 속마음을 듣고 싶었다. 그래서 학생들의 의견을 듣고자 대학가 캠퍼스를 돌아다니며 "국평오 아세요?"라고 물어보았다. 아무래도 처음 보는 사람 앞에선 속마음을 터놓고 말하기 어려울 것 같아 다른 장치도 마련했다. 1등급 학생들이 가장 많이 모인 서울대학교 캠퍼스 곳곳에 포스트잇과 상자를 설치하고, 학생들이 이 용어에 대해 가진 생각을 익명으로 쪽지에 적어 상자에 넣도록 했다.

그러자 이런 답변이 돌아왔다. "5등급인 국민들이 여론을 형성할 수 있어 매우 걱정됩니다." "매우 적절한 표현." 등.

'국평오'라는 단어 사용에 문제가 없다는 학생들의 의견이었다. 대학생 강모 씨는 이 단어를 실제 친구와 대화할 때가 아니라 '에브리타임' 같은 온라인상의 익명 공간에서만 주로 사용한다며, 확인이 안 된 단순한 의혹제기, 기사 등을 믿고 감정적으로 선동되는 사람들을 볼 때 솔직히 '국평오'를 실감한다고 말했다.

또 다른 학생은 이 단어에 공감한다면서 '우리나라 국민은 계몽이 필요하다'라는 의견을 내기도 했다. 그는 민주주의 시스템상 '국평오'는 어쩔 수 없는 현실이라며 좀 더 많은 사람이 정치·사회문제에 관심을 가지고 계몽운동이 일어나서 객관적인 사실 및 상황에 높은 관심을 가질 수 있는 사회가 선행되어야 한다는 의견을 적어 넣었다. 일부는 오히려 국민 평균은 5등급에도 못 미치는 6등급이라고 주장하기도 했다. "국평오가 아니라 6등급인 것 같습니다. 요즘 나랏일을 보니까." "수능 안 치는 애들 고려하면 국평육임"이라고 적은 쪽지도 있었다.

'국평오'가 비하성 발언이라는 지적도 있었다. 한 학생은 "산술적으로는 당연히 평균 5등급이 나올 겁니다. 그런데, 정말 그런 뜻으로만 사용할까요? '조센징'도 조선인이란 뜻이지만 우린 이것을 멸칭으로 여깁니다"라고 적었고, 서울대학교 의예과 재학생인 황모 씨는 '국민 개돼지 발언'과 비슷한 맥락인 것 같은데 다수의 반응이 자신의 생각과 다르거나 납득이 되지 않을 때 사용하는 걸 봤다며 이 단어를 사용하는 건 팩트 제시 목적이 아니라 비하를 정당화하기 위한 것으로, 위험한 발언이라고 꼬집었다.

한 학생은 "세상에는 생각보다 교육을 못 받은 사람이 많다는 걸 잊지 마라. 내 주변 사람들이 일반적인 케이스가 아니라는 것을 항상 생각하고 있음. 내가 남들보다 좋은 환경에서 살아가고 있다"고 적었다.

그렇다면 '국평오'란 단어가 나온 이유는 무엇일까? 대학생 김모 씨는 태극기 집회나 그 반대에 있는 조국 전 법무부장관 관련 검찰개혁 지지 집회에서 서로 논리적이지 않게 자신의 말만 관철하려고 할 때 서로를 '국평오' 취급한다며, 어느 쪽이든 논리보단 감정적으로 자신의 주장을 펼치는 현상 자체를 지적하는 데 적합한 표현이라고 말했다. 그는 "사실 대화로 서로를 이해시킬 수 있는데 이 단어를 사용하여 오히려 소통의 기회가 완전히 차단된 느낌이 듭니다"라고 덧붙였다.

또 다른 학생은 올바르지는 않지만 다수의 의견이 흔히 잘못된 선택으로 이어지는 답답한 경우를 보면 아주 조금은 이해가 간다고도 했다. 즉, 정치적 견해가 다른 사람들끼리 설득을 하려는 노력과 소통이 부족한 답답한 상황을 표현하기 위해 이 단어를 사용한다는 의미였다.

이 단어가 나온 배경엔 '지나친 서열화를 조장하는 사회 분위기'가 있다는 지적도 있다. 고려대학교 재학생인 김모 씨는 우리나라 교육제도가 학생들을 학업으로 경쟁시켜 상대적인 등급을 매겼고, 사회는 수능 등급을 인간의 평가 기준으로 너무 과하게 작용하도록 만들었다며 성적 지상주의, 서열주의 사회로 인한 왜곡된 사고방식이 '국평오'라는 표현으로 나타났다고 했다. 익명의 한 학생 역시 사람에 대한 획일적인 서열화가 단적으로 드러나는 표현인 동시에 구성원들 사이 소통되지 않는 답답함을 나타낸 표현이라고 의견을 냈다.

전문가의 의견 역시 크게 다르지 않았다. 김윤태 고려대학교 사회학과 교수는 '국평오'가 대학으로 인생을 결정한다는 생각이 강한 학벌 사회임을 보여주는 용어라고 했다. 국가 경제가 어렵고 경쟁이 과열될수록 자신보다 못한 사람을 무시하려는 사회 심리적 기제가 작동하기 마련이라고 한다. 어렸을 때부터 '공부 잘하는 게 최고'라는 이야기를 듣고 자라 치열한 경쟁을 뚫고 소위 '명문대'에 들어간 청년들이 자신들의 우월감을 드러내기 위해 '국평오'라는 단어를 쓴다는 설명이었다.

임명호 단국대학교 심리학과 교수는 지금의 1020은 지나치게 경쟁 위주의 교육을 받아온 세대라 차별적인 용어를 어릴 때부터 학습해왔다고 했다. 좌우 진영논리를 떠나 극단의 주장이 난무하고 팽팽하게 대립하는 상황에 대한 젊은 세대의 생각이 '국평오'란 단어에 반영되었다고 분석했다. 임 교수는 "요즘 젊은 층은 기성세대였으면 꺼내지 않을 말을 소신 있게 하는 세대인 만큼 다양한 토론으로 사회를 발전시켜 나갈 수 있었으면 좋겠습니다"라고 당부했다.

어찌 보면 '국평오'라는 말은 자신의 뜻을 솔직히 표현하는 밀레니얼이기에 사용할 수 있는 단어이기도 하다. 여러 학생들과 전문가들의 이야기를 듣고 나니 '국평오'를 단순히 유행어라고 치부하기엔 꽤나 의미가 있는, 논쟁적인 단어라는 생각이 들었다.

'국평오' 속엔 소통이 되지 않는 답답함, 검증되지 않는 의견에 휩쓸리는 사회의 모습이 담겨 있기 때문이다. 동시에 수능 등급으로 상대를 판단하는 학벌주의 혹은 엘리트의식 역시 엿보였다. 이는 밀레니얼들이 어렸을 때부터 학업 성적으로 평가를 받아온 탓일 것이다. 무엇보다도 '국평오'라는 유행어를 만들어낼 만큼, 밀레니얼 세대는 건강한 토론을 원하고 있다는 생각이 들었다.

세상을 떠도는 '국평오'란 말을 보면서 오래된 격언 하나가 떠올랐다. "언어는 사회를 비추는 거울이다."

엄숙하지 않아도 괜찮아

'오직 예수' 대신 '예수 오저!'

"제사장된 그들의 수효가 많은 것은 죽음으로 말미암아
항상 있지 못함이로되"(히브리서 7장 23절)

"우리가 우리 죄를 자백하면 그는 미쁘시고 의로우사 우
리 죄를 사하시며"(요한일서 1장 9절)

성경에 나오는 구절들이다. '제사장' '수효' '말미암아'
'미쁘다'…… 이른바 '모태신앙'으로 20년 넘게 교회를
다녔지만, 내게도 여전히 이런 단어들은 낯설기만 하다.
설교시간 목사님 입에선 여전히 어려운 단어들이 툭툭
튀어나온다.《현대어성경》등 요즘 언어로 말씀을 표현하
려는 노력들이 이어지고 있긴 하지만, 여전히 종교를 떠
올릴 때면 엄숙하고 경건한 분위기가 먼저 떠오른다.

이 때문일까? 종교와 밀레니얼, 두 단어는 좀처럼 어울
리지 않는다. 실제 각종 통계를 보면 종교·신앙과 거리

를 둔 젊은이들이 늘고 있음을 한눈에 볼 수 있다. 젊은
세대로 갈수록 이런 경향이 더 심해지는데, 2017년 한국
기독교목회자협의회의 자료를 보면 국민의 절반(46.6퍼센
트) 정도가 종교를 가지고 있는데, 20대는 셋 중 한 명에
불과했다.(30.7퍼센트)

이런 상황을 극복하기 위해 밀레니얼 세대의 언어로
찬양을 하는 CCM 가수가 있다. CCM 가수 'CPR(Church
Praise Revolution)'이 바로 그 주인공이다. "예수 내 최애 소
중한 내 고정픽" CPR이 작곡한 〈예수 내 최애〉란 곡의
일부다. 예수를 찬양하는 내용에 '최애' '고정픽' 같은 밀
레니얼 세대의 언어를 사용하였다.

"예수님은 '유동픽' 아닌 '고정픽'이잖아요." 서울 용산
구 음악작업실에서 만난 CPR 이화익, 박진희 씨는 이 노
래를 이렇게 설명했다. '고정픽' '유동픽'은 오디션 프로
그램인 〈프로듀스 101〉에서 나온 단어다. 고정픽은 매주
고정적으로 투표를 하는 아이돌 연습생을 뜻하고, 유동픽
은 매주 고정적으로 투표하지 않고 때에 따라 투표하는
아이돌 연습생을 뜻한다.

링 귀걸이를 하고 후드티를 입은 이씨의 모습 역시
CCM 가수보단 래퍼에 가까워 보였다.

왜 이런 노래를 만들었는지 궁금해 이유를 묻자, 박씨는 예배 찬양 시간에 고개를 푹 숙이고 있는 아이들이 너무 많아 안타까워서라고 했다. 교회에서 흔히 쓰는 '경배하리' '형제님' '자매님' 같은 단어는 현대엔 죽은 언어나 다름없을 뿐만 아니라, 아이들이 종교에 다가가는 데 장벽이 되는 것 같아 가사를 일상 속 언어로 쓰게 되었다고 설명했다.

CPR의 데뷔곡 역시 범상치 않았다. 이들은 지난 2017년 〈오진 예수〉란 곡으로 데뷔했다. '오직 예수'에 오타가 난 게 아니냐고 묻는 사람들도 있다. 이 제목은 10대들이 흔히 쓰는 '오지다'라는 단어를 찬송에 접목한 것이다. "예수는 오지신 분 오지고요 예수는 진리고요"라는 가사를 담고 있다. 발표 당시 깜짝 인기를 끌기도 했다. 이후 〈예수 내 최애〉 〈헐 개이득〉 〈이거 실화냐〉 등의 곡도 계속 발표했다.

'최애'는 '가장 사랑한다'라는 뜻으로 요즘 청소년들이 아이돌 그룹에서 가장 좋아하는 멤버를 말할 때 주로 쓰는 단어다. 이씨는 "어떤 청소년에겐 아이돌이 인생의 전부인데, 그렇다면 '내 인생에선 예수님이 차애가 아니라 최애구나' 싶었어요"라고 했다.

"내가 믿는 신도 이 신, 저 신 바꾸는 게 아니니까 예수님은 유동픽이 아닌 고정픽이라는 생각을 했어요"라며 〈예수 내 최애〉의 제작 비하인드 스토리를 밝히기도 했다.

CPR은 〈사탄의 뚝배기 깨시는 주〉라는 곡을 만들기도 했다. 이씨는 성경 창세기에 '예수님이 사탄의 머리를 상하게 한다'라는 말씀이 있는데 현대적으로 해석해보니 뚝배기를 깬다는 의미였다고. 제목은 다소 코믹하지만 영적 전쟁에 대한 노래로, 이스라엘에서 전쟁에 출전할 때 쓰던 양각 나팔인 쇼파루의 소리도 넣었다고 했다.

젊은 세대의 반응은 좋은 편이다. 박씨는 "부처님도 이 노래를 들으면 따라부르며 흥얼거릴 듯"이란 반응이 가장 기억에 남는다고 했다. CPR만이 아니다. CCM 가수인 '음악별천지'는 2019년 7월 〈치킨보다 주님〉이라는 곡을 발매했다. "야식 먹어도 살 안 찌게 해주세요. 주님, 치킨보다 주님, 야식보다 주님"이란 가사를 담은 노래다. 이 곡을 발매한 박종현 함께심는교회 목사(전도사닷컴 편집장)는 기존 기독교의 소통방식이 오히려 비종교인에겐 폭력적일 수 있어, 같은 시대를 살아가는 사람들과 일상 속 언어로 소통하고 싶었다고 했다. 박 목사는 "현재 전도사닷컴 페이스북 팔로워는 약 15만 명인데, 앞으론 유튜브 활동도 열심히 해 소외된 사람에게 눈길을 주는 기독교의 본래 역할을 하고 싶습니다"라고도 덧붙였다.

물론 종교와 신앙을 가볍게 여기는 것 아니냐는 비판도 있다. CPR은 개신교 목회자나 신자로부터 불경하다, 왜 그런 천박한 말을 쓰냐는 말을 자주 들었다. 심지어 이단이나 사이비가 아니냐는 비난까지 들었다고. 박씨도 "기독교 신앙이 없는 분들의 반응은 좋았는데 예상과 달리 목사님, 전도사님이 항의 메일을 가장 많이 보냈어요"라고 털어놓았다.

그렇다고 CPR의 생각이 바뀐 건 아니다. "한국 교회에 드럼이 처음 들어올 때도 '악마의 악기'라는 말을 들어 심한 반발이 있었어요. 지금 우리가 하는 일도 (그들 생각처럼) 틀린 게 아니라 (그들이 하던 활동과) 다른 일일 뿐이죠."

물론 긍정적인 평가도 있다. 전석재 서울기독대학교 기독교신학과 교수는 표현 자체보다는 찬양을 부르는 태도와 마음가짐이 더 중요하다고 강조했다. 고정관념에 얽매이지 않은 이런 시도는 젊은 세대가 교회에 적응하는 데 도움을 줄 것이라고 말했다. 이화익 씨는 탈북자를 위해 북한말로 된 찬양을 만들 계획도 밝혔다. 언어가 종교의 장벽이 되어선 안 된다는 의미다.

물론 개신교가 젊은 층의 외면을 받는 건 단지 엄숙

한 단어 사용 때문만은 아닐 것이다. 교리를 진리로 여기는 종교의 가치는 다양성을 중시하는 밀레니얼의 가치관과 동떨어져 있기도 하다. CPR은 개신교에 대한 부정적인 인식 때문에 종교를 떠나는 이들이 많다는 것도 잘 알고 있다고 했다. 한국갤럽의 조사에 의하면, '종교가 우리 사회에 도움을 준다'는 물음에 '그렇다'는 대답은 2021년 기준 38퍼센트에 불과했다. 2014년, 63퍼센트였던 것에 비하면 7년 사이 부정적인 시선이 크게 늘었다. CPR은 교회에 관련된 부정적인 소식으로 종교를 외면하거나 상처받은 청년, 청소년이 많다면서 교회를 누구나 와도 괜찮은 공간으로 만들기 위해 노력하고 있다고 했다.

20대들은 점점 종교와 멀어지고 있지만, 관행과 고정관념을 깨기 위해 새로운 시도를 해나가는 밀레니얼 종교인들이 있기에 개신교의 미래가 어둡지만은 않다는 생각이 들었다. 비록 미약한 시도이고, 소수일지라도.

스님의 〈아무노래〉 챌린지

그렇다면 개신교만 변하고 있을까? 밀레니얼 세대가 만들어가는 불교의 모습도 궁금했다. 소셜미디어에서 '불교'를 검색하자, 춤을 추는 스님의 영상이 인기 영상으로 떴다.

"스님한테 입덕했어요." "저 목사님 딸인데 스님 춤은 괜찮네요." 불교 크리에이터 도연 스님의 틱톡 계정을 둘러보자 눈에 띄는 댓글들이 많았다. 스님이 틱톡커로 유명해질 수 있었던 이유는 가수 지코의 〈아무노래〉 챌린지 덕분이다. 도연 스님이 절 방안에서 노래에 맞춰 춤을 추는 〈아무노래〉 챌린지 영상은 틱톡에서 3일 만에 조회수 20만 회를 기록했다. 봉은사에 머무는 도연 스님에게 바로 연락해 만남을 제안했다.

인터뷰를 흔쾌히 수락해준 덕분에 어렵지 않게 스님을 만날 수 있었다. 추운 날 봉은사 한가운데에서 〈아무노래〉 챌린지를 하며 춤을 추는 스님을 직접 마주하는 경험, 살면서 몇 번이나 해볼 수 있을까? 절 하면 떠오르는 고즈넉한 분위기, 템플스테이 정도를 상상했던 나에게 이런 풍경은 낯설었다. 심지어 도연 스님은 몹시 신나 보였다. 대추차를 마시고 몸을 녹인 뒤 들은 스님의 이야기엔 '관종' 스님은 없었다. 도연 스님에겐 하나의 목표가 있을 뿐이었다. 젊은 층에게 불교의 문턱을 낮추는 것이다. 실제 20대 불교 신자도 줄었기 때문이다. 통계청 '인구총조사'를 보면, 20대 불교 신자는 2005년 139만 5천 명에서 2015년 59만 2천 명으로 줄었다.

도연 스님은 9년째 유튜브 채널을 운영하고 있다. 처음엔 대중에게 명상을 알리고 싶어 '도연스님명상TV'를 시작했다. 스님이 직업을 체험하는 유튜브 채널 '잡Job스님'에도 출연했다. '잡스님'에서 도연 스님은 고깃집 알바에 도전한다. 스님은 다음 영상 콘텐츠는 스님이 미용실에 가는 것이라며 "'스님이 제 머리 못 깎는다'는 속담이 있는데 어떻게 될지 직접 가보려 합니다"라고 웃었다. 또 스님은 '가짜 고기로 만든 햄버거 먹기' 영상에도 출연했다. 스님은 하루 서너 시간은 영상을 편집하고, 댓글을 다는 등 시청자들과 소통하는 데 쓴다고 했다.

스님답지 않은 거 아니냐고 묻자, 도연 스님은 "초반에 올린 명상 영상은 교육방송EBS을 방불케 해 사람들이 관심을 가지지 않았어요. 그래서 이렇게 해선 안 되겠다 싶어서 변화를 주었습니다"라고 말했다. 자신을 '리틀빗 관종(관심종자)'이라고 말하는 도연 스님은 청년들에게 불교의 문턱을 낮추기 위해 시작한 일이지만 솔직히 스스로 재미있어서 하는 이유도 크다고 했다. 그는 불교에 대한 인식을 바꾸는 모범사례가 되고 싶다고 덧붙였다.

도연 스님뿐만이 아니다. 불교의 문턱을 낮추기 위해 '팬심'을 발휘하여 불교 굿즈를 만드는 대학생도 있다. 동국대학교 불교미술학과에 재학 중인 원혜림 씨는 불교의 상징인 코끼리를 귀여운 캐릭터로 재탄생시켰다. 이 캐릭터의 이름은 '아코'인데, '아코'는 '아기코끼리'라는 뜻인 동시에, 불교의 주요 언어인 '나'의 한자인 '나 아我' 자를 사용해 '참된 나를 찾는 흰 코끼리'라는 의미를 담고 있다.

원씨는 요즘 대학생들이 진로 고민 등 걱정거리가 많아 불안해하는데 이 코끼리가 고민을 해결해주진 못하더라도 고민을 함께할 수 있을 것이라며, 코끼리도 나를 찾는데 나도 나 자신을 찾을 수 있다는 희망을 주고 싶었다고 설명했다. 학교에 있는 스님들도 이렇게 귀여운 코끼리는 처음 본다며 좋아했다. 원씨는 '아코'를 활용해 현재 쿠션, 스티커, 달력 등을 제작해 학생들의 많은 관심을 받고 있다.

불교의 고요하고 정적인 이미지를 깨고 불교의 가치를 알리고 싶다는 게 원씨가 캐릭터 디자인을 하게 된 계기였다. 원씨는 "옛것을 그대로 두기보다는 시대가 변하는 만큼 종교의 본래 가치를 지키면서 현대문화에 맞게 잘 녹여내는 게 제가 할 일이라고 생각합니다"라고 말했다.

한편 이런 시도에 우려의 목소리도 있다. 재미 위주로 만들어진 종교 콘텐츠들이 종교가 가져야 하는 무게감과 진실성을 희석하진 않을까 걱정스럽다는 지적이다. 하지만 이런 우려에 대해 도연 스님은 이렇게 말했다. "반야심경의 '색즉시공공즉시색色即是空空即是色.' 속된 건 성스러운 것이고 성스러운 건 속된 것이란 뜻입니다. 종교 전통을 지켜야 할 부분이 분명하게 있지만, 그 선을 강하게 그으면 대중에게 닿지 못하지요."

밀레니얼이 왜 종교를 외면하는지에 대해 어쩌면 이 한마디가 답이 되지 않을까?

남친이랑 부동산 공부해요

미친 집값, 보고만 있을 텐가

"서울 아파트 중위가격 9억 돌파.""반포XX 아파트 평당 1억." 절로 한숨이 나오는 소식들이다. 연일 집값이 오른 다는 기사가 쏟아진다. 그러다보니 또래 친구들과 모인 자리에서도 한탄은 이어진다. 서울 집값이 미쳐가는데 열심히 일해봤자 뭐하냐는 말들이다.

길을 지나다 '저 아파트 정도면 가격이 괜찮을 것 같다' 는 생각에 포털 검색 창에 아파트 이름을 넣어 검색해본 다. 그러나 집값을 확인하곤, 숙연한 마음으로 스마트폰 을 닫은 것도 수십 번. 검색하는 아파트마다 10억이 훌쩍 넘기 때문이다. 이러다 원룸에서 생을 마감해야 할지도 모른다는 불안감마저 느껴진다.

하지만 가만히 앉아 좌절만 하고 있다면, 밀레니얼이 아니다. 여기 부동산 공부에 열을 올리는 청춘들이 있다. 온라인 강의 전문 사이트인 '클래스 101'에 올라온 온라인 부동산 강의는 조기에 수강신청이 마감되곤 한다. 주말마다 시간을 내 부동산 특강을 듣고, 임장(특정 지역 아파트 단지 주변 환경을 확인하기 위해 직접 방문하는 것)을 다니는 청년들도 있다.

사실 부동산은 4050의 전유물이라고 생각했다. 부동산, 하면 '복덕방 아주머니'가 떠오르기도 한다. 그런데 2030을 타깃으로 하는 부동산 특강도 많다는 사실. 그래서 부동산 특강 현장에 직접 찾아갔다. 토요일 오전 10시 서울 신논현역 인근에서 열린 '내집 마련 뽀개기 특강' 현장. 2030을 대상으로 부동산 강의를 하는 '내집마련아카데미'에서 마련한 자리였다.

강의 시작 한 시간 전인 오전 9시부터 마스크를 쓴 청년들이 강의실 빈자리를 채우기 시작했다. 주말 아침에 얼마나 많은 사람들이 올까 싶었지만, 10시가 되자 강의실은 사전 신청한 수강생 50명으로 꽉 찼다. 사전 수강신청을 하지 않으면, 들어올 수조차 없는 자리였다. 수강생 중엔 경기지역뿐 아니라 제주와 대전에서 온 경우도 있었다. 수강생인 김영광 씨는 경기도 시흥에서 한 시간 반 걸려서 왔다고 했다.

수업을 들으러 온 청년들의 부동산 공부 열기는 뜨거

왔다. 활동명이 '부동탁'인 내집마련아카데미 대표는 이 날 자본금이 많지 않은 2030이 생애 첫 주택을 구매할 때 알아야 할 청약통장 사용방법, 대출상품 종류 등을 소개 했다. 수강생은 저마다 펜을 들고 고3 수험생처럼 강사가 하는 말을 받아 적었다. 수강생인 박동원 씨는 "부모님이 랑 살고 있어서 세대주가 아닌데, 도대체 어떻게 청약통 장을 사용해야 할지 몰라 배우러 왔습니다"라고 했다.

연인과 함께 혹은 자매끼리 온 사람들도 있었다. 주말 데이트를 반납하고 부동산 특강을 듣는 커플도 있었는데, 한 커플은 워낙 주변에서 부동산 이야기를 많이 해 주말 데이트 겸 공부하러 왔다고 했다.

직장동료와 온 김지혜 씨는 회사 동료가 강의를 추천 했다며 '부린이' '부생아'라서 아는 게 없지만 이제부터 부동산에 대한 감을 잡고 싶다고 설레는 표정으로 웃었 다. '부린이'는 '부동산'과 '어린이', '부생아'는 '부동산'과 '신생아'를 합친 말인데, 부동산 공부에 뛰어드는 2030이 늘면서 생긴 신조어다.

과거 부동산 강의는 주로 중장년층을 대상으로 했기에, 부동탁 대표가 3년 전쯤 2030을 대상으로 강의를 시작하 자 주변에선 '미쳤다'고들 했다. 그런데 이제는 강의 한두 달 전에 수강신청이 마감될 정도라고.

청년들은 앞으로도 집값이 계속 오를 거라고 전망했다. 김포에서 온 쌍둥이 자매는 "집값이 내려가고 있다는 기사를 봤지만, 집도 없고, 돈이 많지 않은 젊은 사람에겐 지금이 기회잖아요. 공부해서 지금을 재테크 기회로 삼고 싶어요"라고 입을 모았다. 직장생활 4년 차인 박유정 씨도 월급으론 자산을 불리기 어려움을 피력하며 부동산을 반드시 소유하고 싶다고 했다.

특강뿐만이 아니다. 정규 교육과정 역시 인기가 높다. 내집마련아카데미에선 2030 직장인을 대상으로 부동산 정규 강의 과정도 제공하고 있다. 약 4주 과정으로 '기초반' '실전반'으로 나눠 운영한다. 한 달에 한 번씩 신규 수강생을 모집할 때마다 빠르게 마감되는데, 퇴근 이후 집에 누워 쉬고 싶은 유혹을 뿌리치고 부동산 강의를 듣는 이들이 그만큼 많다는 의미다. 이론적인 교육뿐 아니라 현장 답사도 나간다. 실제 아파트 단지를 둘러보면서 '내 집은 도대체 어디 있는지' 탐색하는 '임장'을 나간다고 한다.

나 역시 '기초반'을 1회 참관수업했다. 정부에서 발표한 최신 부동산 정책부터 대출 기준을 공부하는 이들의 모습을 보고 있자니, 집값이 오른다고 한탄만 했던 스스로가 부끄러워지기도 했다. 이 자리에서 만난 한 수강생은 이 강의를 듣고, 별도로 부동산 스터디도 꾸려서 주 2회씩 공부하고 있다고 했다.

이렇듯 부동산 공부에 열을 올리는 청년들을 어떻게 바라봐야 할까? 일부에선 부동산에 관심을 갖는 젊은 층을 두고 "젊은 애들이 열심히 일해서 돈 벌 생각은 안 하고 부동산으로 돈 벌 생각을 하나?" 혹은 "투기를 하려는 것 아니냐?" 등 비아냥을 쏟아내기도 한다. 하지만 2030 세대를 대상으로 부동산 강의를 진행해온 부동탁 대표의 생각은 달랐다. 부동탁 대표는 강의를 찾는 청년들이 '이생망(이번 생은 망했다)'이라고 생각하지 않고, 목표의식을 세우고 열정적으로 제 살길을 찾는 이들이라고 설명했다. 그는 2030이 치솟는 집값을 보며 느끼는 불안감, 좌절감을 극복하고자 강의를 찾는다고 덧붙였다.

부동산 전문가 역시 현 상황을 비슷한 시각으로 바라보았다. 심교언 건국대학교 부동산학과 교수는 집값이 살짝 내려가도 조정기일 뿐, 부동산 가격은 꾸준히 오른다는 학습효과가 있다고 했다. 서울 부동산 가격이 꾸준히 상승해온 걸 감안하면, 부동산 공부에 열을 올리는 청년들의 모습이 전혀 이상하지 않다고 했다. 같은 맥락에서 날이 갈수록 무섭게 오르는 집값을 보고 불안해 집을 구매하는 '패닉바잉', 각종 대출을 받아 '영끌(영혼까지 끌어모은다)'해 집을 사는 2030들의 행동도 어쩌면 당연한 결과다.

이런 불안감과 부동산 공부 열기 속에서 밀레니얼들은 적극적으로 부동산 구매를 하고 있다. 한국부동산원의 월별 아파트 거래 현황을 보면, 2021년 3월 기준 서울 아파트 매매 건수(4,495건) 중 무려 40.6퍼센트가 20대와 30대의 매수였다. 아파트를 구매하는 열 명 중 네 명이 밀레니얼이라는 뜻이다.

밀레니얼들은 왜 '패닉바잉'과 '영끌'을 할 수밖에 없을까? 실제 집을 마련한 밀레니얼의 목소리를 들어봤다. 2020년 11월 주택담보대출과 신용대출로 서울 강서구의 한 아파트를 마련한 7년차 직장인 조모 씨. 30대 초반인 그는 월급의 5분의 4를 대출금 갚는 데 쓰고 있지만, 그래도 마음은 편하다고 했다. 조씨는 이젠 명문대 혹은 좋은 직장에 들어가도 중산층의 삶이 보장되는 시대가 아니고, 같은 회사에 다니더라도 어떤 아파트를 소유하고 있느냐가 계급을 결정한다고 했다. "회사 선배들만 봐도 그래요. 10년 전, 결혼을 빨리해 아파트를 산 선배와 결혼을 하지 않고 전세 오피스텔에 사는 선배 두 사람의 현재 자산 격차는 세 배 이상이에요"라며 집값이 오를수록 아파트를 가진 자와 가지지 않은 자의 격차가 더 벌어지는 걸 목격했다고. 조씨는 이렇게 가만히 있다가는 영영 집을 마련하지 못하고 뒤처질 것 같다는 생각에 휩싸였다. 얼마 뒤 비교적 가격이 낮은 20년 된 구축 아파트를 샀다. 조씨에겐 부동산이 유일한 '계급 이동' 혹은 '계급 유지'의 수단이었다.

마찬가지로 30대 초반인 6년차 직장인 김모 씨도 '영끌'로 2021년 10월 서대문구의 20년된 아파트를 샀다. 김씨는 서울에 사는 이상 같은 돈으로 구할 수 있는 집은 점점 작아지고, 집을 살 기회마저 줄어들 것이란 불안감에 집을 샀다고 설명했다. 김씨는 2년 전, 전세 3억 6천만 원짜리 소형 아파트에 살았지만, 재계약을 하려고 보니 전세 가격이 그사이 6억 5천만 원으로 뛰어 있었다고 했다. 그는 "대학교 입학했을 때부터 자취를 시작해 2년마다 옮겨 다닌 터라 안 그래도 지친 상태인데, 이제 전셋집마저 구하지 못하겠다는 생각이 들어 빚을 내서 매매를 결심했어요"라고 했다. 집을 사고 난 뒤엔 이자 부담이 있긴 하지만, 발붙일 곳을 찾아 마음이 편하다고 했다. 명문

대학교 간판과 좋은 직장마저도 인생을 보장해주지 않는 경쟁 시대에, 이들에게 안정감을 주는 유일한 곳이 바로 부동산이었던 것이다.

이런 '영끌'에 우려를 표하는 목소리도 있다. 심교언 건국대학교 교수는 '포스트 코로나' 시대는 예측 불가능한 만큼 다니던 직장이 사라질 수도 있고, 선호하는 주거형태가 달라질 수도 있다며 빚을 과도하게 내어 집을 사는 건 조심해야 한다고 당부했다.

내집마련아카데미의 강의를 다녀오고 몇 개월이 지난 뒤, 부동탁 대표가 책을 출간했다는 소식을 들었다. 서점에 가 책 제목을 보고 무릎을 탁 쳤다. 책 제목은《집은 넘쳐나는데 내 집은 어디 있나요?》였다. 어떻게 내 속마음을 들여다봤나 싶었다. 동시에 이런 생각을 하는 건 나뿐만이 아니라는 사실에 안도감이 들기도 했다.

물론 '영끌'해서 부동산을 마련한 젊은 층들은 대기업에 다니거나 전문직에 종사하는 등 비교적 높은 연봉을 받는 사람들이었다. 전셋집마저 귀해진 시대에 아파트 '영끌'을 남의 나라 이야기처럼 여기는 청년들도 물론 있다. 하지만 그들도 가만히 있진 않는다. 부동산을 살 형편이 안 되는 청년들은 '시드Seed'를 늘리기 위해 주식, 코인으로 몰리고 있다. 물론 여기에도 한탕주의를 노리는 게 아니냐는 비판도 있지만, 적어도 내가 만난 청년들은 그렇지 않았다. 혹여나 그런 생각이 든다면 이것만 기억했으면 한다. 밀레니얼들은 내 몸 뉠 곳을 마련하기 위해 오늘도 열심히 공부하고 있다는 사실을.

난 집 대신 캠핑카 산다

캠핑카·버스에서 사는 '밴 라이프'

2021년 상반기, 당시 우리나라에서 가장 많은 사람들의 뒷목을 잡게 한 단어를 고르라면 'LH'가 아닐까? 직장인이 서울에 있는 아파트를 사려면 소비를 끊고 숨만 쉬면서 20년 넘게 돈을 모아야 하는 시국에, 공기업 직원들의 집단 부동산 비리를 보고 국민들의 뚜껑이 열리는 건 당연한 반응이었다. 정치권은 불난 민심을 잠재우려 앞다퉈 부동산 대책을 내놓았는데, 그중엔 집을 사려는 청년에게 대출 규제를 과감하게 풀어주는 대안도 포함되어 있었다.

경기도에서 마포구 상암동에 있는 회사로 왕복 네 시간에 걸쳐 통근하는 입장에선 일단 반가운 정책이었다. 하지만 마냥 반길 수만은 없었다. '나라가 청년들에게 빚내서 집 사는 걸 공식적으로 권장하는건가' 싶어서 씁쓸하기도 했고, 빚을 갚으려면 좋든 싫든 계속 일해야 한다는 생각에 무거운 돌덩이가 가슴에 내려앉는 기분이었다.

그러다 문득 몇 년 전 본 영화가 떠올랐다.

2018년에 개봉한 영화 〈소공녀〉에는 좋아하는 담배와 위스키를 포기할 수 없어 월세방을 뺀 '미소'가 등장한다. 영화는 취향을 지킨 대가로 집을 나온 미소에게 잠자리를 내주는 지인들을 차례로 보여준다. 안락한 '쉼'의 공간이어야 할 집은 팍팍한 삶을 억지로 유지하게 하는 멍에처럼 보인다. 영화는 전체적으로 귀엽고 아기자기한 분위기였지만, 씁쓸한 뒷맛이 남는 건 어쩔 수 없었다. 최근의 부동산 대란을 보며 이 영화를 떠올린 이유도 집에 대한 애증이 당분간 계속될 것 같다는 불길한 예감 때문이었다.

답 없는 고민을 이어가던 중 '캠핑카를 집으로 삼아 사는 사람이 있다'는 한 친구 이야기를 우연히 들었다. 왠지 사회고발성 다큐멘터리에서 본 것 같은, 터전에서 밀려나 캠핑카에서 곤궁하게 지내는 사람들의 모습이 떠올랐다. 그런데 이런 내 예상은 유튜버 '래춘씨'의 첫 마디에 보기 좋게 깨졌다.

"어느 날 소파에 앉아 있는데 '집 안에서 하는 게 밥 먹고, 씻고, 자는 게 전부인데 굳이 콘크리트 집(아파트)에 살 필요가 있을까' 하는 생각이 들더라고요. 주말에 바로 캠핑카를 알아봤죠." 제주도에서 만난 유튜버 래춘씨가 들려준 말이다. 비취색 제주 바다와 맞닿은 공터에 덩그러니 주차된 1톤짜리 캠핑카. 12제곱미터(3.6평) 남짓한 내부엔 접시, 프라이팬 같은 주방기구와 대형 모니터 세 대가 연결된 컴퓨터 등 생활 집기가 빼곡하게 들어차 있었다. 누군가의 가정집을 그대로 옮겨놓은 듯한 캠핑카가 바로 그의 집이었다.

래춘씨처럼 정해진 주거지 없이 자동차를 집 삼아 지내는 생활을 '밴 라이프Van Life'라고 부른다. 낡은 밴을 개조해 그 안에서 사는 사람들에게서 유래했다. 몇몇 유별난 이들의 기행으로 보일 수도 있지만, 알고 보면 우리나라에도 어느 한 곳에 정착하길 거부하고 밴 라이프를 꾸리는 사람들이 적지 않다. 날이 갈수록 치솟는 집값에 대출을 '영끌'해서 집을 사는 것보다 '내돈내산(내 돈 주고 내가 산)' 캠핑카 생활이 이들에겐 더 매력적으로 느껴진 것이다. 10년 동안 다니던 직장을 그만두고 밴 라이프를 택한 이유를 묻자 래춘씨가 되물었다. "회사와 학교의 공통점이 한 명의 합격자를 배출하려고 100명의 불합격자를 계속 만드는 구조잖아요. 그런 시스템에서 버티는 게 안정적인 생활이라고 할 수 있을까요?" 유명 방송국에서 편성·기획 업무를 담당했던 그는 집과 직장을 왕복하는 삶이 오히려 더 불안정하다는 생각에 밴 라이프를 시작했다.

밴 라이프를 하고 있는 다른 이들도 이와 비슷한 대답을 내놓았다. 남들 눈에 번듯한 삶을 살고자 아등바등하는 것보다 여행하듯 자유롭게 지내는 삶이 더 행복하다는 걸 깨달았다고. 2020년 밴 라이프를 시작한 유튜버 김수향 씨는 6년 전 떠났던 호주 워킹홀리데이의 경험 덕분에 삶의 가치관이 바뀌었다. 김수향 씨는 여행하며 만난 사람들 모두가 어떤 직업을 가질 것인지가 아닌 삶의 목표에 대해 말하는 게 인상적이었다고 한다. 취업보다 내가 정말 좋아하는 게 뭔지 고민하다가 이 생활을 택하게 되었다.

어느 하나 거저 주어지는 게 없는 생활. 불편함은 밴 라이프에서 마땅히 감수해야 할 조건이다. 예상과 달리 생계유지는 그리 어렵지 않다. 원격근무가 일반화되면서 스타트업을 창업하거나 프리랜서로 일하면서 수입을 창출하고 있기 때문이다. 월세 등 주거비가 사라지면서 생활비 자체가 줄어들기도 했다. 다만 물과 전기를 구하는 게 가장 어려운 일이다. 2019년 24인승 버스를 사서 개조해 살고 있는 유튜버 '지금게르'는 "해수욕장 개수대나 공원

수돗가에서 물을 받지만 한계가 있어요. 지인이 운영하는 카페에 매달 일정 금액을 내고 3~4일에 한 번씩 물을 채우러 갑니다"라고 했다. 전기 사용량이 많은 여름은 특히 고역이다. 캠핑용 태양광 발전기가 있지만, 열대야가 며칠간 이어지면 선풍기도 없이 무더운 밤을 지새울 수밖에 없다. 하지만 이 불편함도 밴 라이프의 매력이라고 한다. 래춘씨는 자신이 일한 만큼만 정확히 물과 전기를 쓸수 있어서 그런지 더 능동적으로 살게 되었다고 했다. 수도꼭지만 틀면 물이 콸콸 나오던 집에 살던 시절보다 삶에 주인의식이 생겼다고.

남과 다르게 생활하면서 받는 주변의 시선이 마냥 달갑지만은 않다. 김수향 씨는 "여자라서 그런지 특히 걱정하는 사람들이 많아요. 만나는 사람마다 '너 요즘도 거기서 자냐?'고 묻는데 그런 반응에 익숙해지는 데에도 시간이 필요했어요"라고 털어놨다. 래춘씨도 집을 나와 캠핑카로 이사할 때 가족과 지인들에게 '미X놈'이라는 말을 셀수 없이 들었다고 한다. 캠핑카에서 쉬고 있는데 다짜고짜 창문을 두드리며 "이 차는 얼마 주고 샀냐?"고 묻는 사람도 부지기수였다고. 불편한 건 둘째치고 이상한 상황이다. 남의 집 가격이 궁금하다고 그 집 초인종을 누르진 않으니까 말이다. 그는 아직 우리 사회가 다양한 주거형태에 익숙하지 않아서 그런 것 같다며, 이것도 사람이 사는 방식이라 이해하는 사람이 점차 많아질 거라고 말했다.

이들은 앞으로도 밴 라이프를 계속할 거라고 했다. 남들이 젊은 시절의 치기 어린 일탈쯤으로 치부하는 지금의 생활이 더없이 만족스럽기 때문이다. 밴 라이프의 매력을 더 많은 사람들이 알았으면 좋겠다는 말도 덧붙였다. 김수향 씨는 "일에 치여 여유 없이 사는 사람은 사소한 행복을 잊게 됩니다. 밴에서 지내다보면 냄비로 맛있는 밥 한 끼 짓는 것조차 행복이에요"라고 말했다. 나중에 부동산을 살 정도로 돈을 모아도 차 안에서 살 건지 묻자 유튜버 지금게르는 이렇게 답했다. "가본 여행지 중 가장 마음에 드는 곳을 골라서 버스 한 대 세울 수 있는 작은 땅을 살 것 같아요. 더 여유가 있으면 아파트를 살 게 아니라 45인승 버스를 사서 그 안에서 살겠죠. 하하."

'밴 라이프'를 즐기는 이들을 만난 뒤 〈소공녀〉를 다시 보았다. 영화를 처음 봤을 땐 대수롭지 않게 여겼던 대사가 유독 큰 울림을 남겼다.

"난 갈 데가 없는 게 아니라 여행 중인 거야."

얼핏 '정신승리' 같은 미소의 한 마디가 왠지 더 정겹게 느껴졌다. 자립하려면 빚부터 짊어져야 하는 역설적 현실은 여전히 원망스럽지만, 내 명의로 된 집을 갖는 것만이 자립은 아니니까. 물론 밴 라이프가 모든 청년의 삶을 대변한다고 보긴 어렵다. 하지만 그들의 이야기가 용기를 주는 이유는 '취향껏 사는 게 행복한 삶'이라는 단순한 원리를 재확인시켜 주었기 때문이다. 집은 없지만 담배와 위스키가 있어 행복한 미소처럼.

❤ 8.880

❤ 5.350

젠더, 그들이 사는 세상

Part. 3

한국 남자랑 연애하기 싫어

'탈연애' 택한 20대 여성들

2016년 강남역 살인사건. 살인마는 서초구의 한 노래방에 딸린 화장실에서 30분 동안 머물며 범행을 저지를 순간을 기다렸다. 그사이 화장실을 드나든 사람은 남성 여섯 명. 그 다음으로 들어온 여성 한 명이 범죄의 타깃이 되었다. 누군가는 이를 '묻지마살인'이라고 불렀고, 이를 두고 '묻지마살인'이 아니라 '여성혐오범죄'라고 주장하는 목소리도 거셌다. 강남역 10번 출구에는 "여자라서 죽었다"라는 문구가 붙었다. 여성들은 강남역으로 찾아와 편지와 국화꽃을 두고 갔고, 이후로도 피해자를 기리는 추모 운동이 계속되었다.

이후로 2030 여성들 사이에서는 젠더 이슈가 가장 큰 화두가 되었다. 많은 여성들은 '여성이기 때문에 겪는 크고 작은 차별'을 감지하기 시작했다. 여성혐오범죄와 잇따른 미투 운동 등으로 어딜 가든 페미니즘은 토론의 화두가 되었다. 오랜만에 모인 동기들과의 술자리에서도 같은 주제의 이야기가 자연스럽게 나왔다. 한 남자 동기는 최근 광화문에서 활동가들이 '탈연애 선언'을 하는 걸 봤는데 도무지 이해가 되지 않는다고 했고, 나는 '그게 그렇게 이해가 안 되는 일인가?' 싶었다. 결국 그 술자리의 의견은 갈린 채 좁혀지지 않았다. 조금 더 다양한 이야기를 들어보고 싶었다. 그래서 350여 명의 대학생을 만나보았다.

"연애를 못 하면서 안 한다고 말하는 거 아닌가요?" '탈연애'에 대한 이야기를 듣자마자 한 대학생이 가장 먼저 꺼낸 말이다. 그렇다면 탈연애의 정의는 무엇일까? 탈연애는 '여자는 애교가 있어야 한다' '남자는 여자를 리드해야 한다' 등의 관습적인 연애방식에 저항하는 움직임이다. 이 같은 문제의식으로 연애를 중단하는 행위까지도 탈연애의 범주에 포함된다. 한마디로 탈연애는 기존 연애방식을 답습하지 않겠다는 주장이다. 기존의 연애방식이 가부장제를 강화하고, 여성들에게 불편함을 느끼게 한다는 문제의식에서 나온 것이다.

"탈연애는 이제 친구들끼리 나누는 자연스러운 대화

주제예요." 설문에 응한 대학생 박수연 씨가 말했다. 실제로 우리가 만난 20대 여성 191명 중 70퍼센트가 탈연애에 대해 들어봤다고 답했다. 또 열 명 중 다섯 명은 탈연애를 해보고 싶다고도 했다. 이렇듯 많은 20대 여성들이 탈연애를 고민하게 된 이유는 무엇일까?

박씨는 "이성 친구를 사귀면 마냥 행복할 거라 생각했지만 연애 관계에서 혼자 책임져야 할 것이 많아요"라고 토로했다. 그중에서도 생리를 하지 않았을 때 가장 불안했다고. 임신의 책임이 오롯이 자신의 몫이 된다는 생각에 남녀의 연애가 갖는 무게가 다르다는 걸 깨달았다고 덧붙였다. 수평적이지 못한 관계로 고민하다 박씨는 지난봄 남자친구와 헤어졌다. "과거 남친들이 이상한 사람이어서가 아니에요. 연애 자체가 구조적으로 여성에게 피해를 준다는 생각이 많았어요."

20대 여성들은 탈연애를 고려해보게 된 계기로 기존 연애방식이 가부장제를 답습할 뿐만 아니라 젠더 이슈에 공감할 수 있는 사람을 찾기 힘들다는 점을 가장 많이 꼽았다. 서울대학교 사범대에 재학 중인 이모 씨는 우리나라 사람들의 연애 형태가 현재의 의식 수준에 맞지 않아 연애하기 꺼려진다며 페미니즘의 확산과 여성의 사회 진출이 많이 늘긴 했지만, 여전히 연애를 할 때 여성에게 요구되는 여성상은 과거에 머물러 있다고 했다. 요리를 잘하는 현모양처, 하늘하늘한 원피스를 입은 긴 머리의 청순한 여자 등 소위 '여자다운 여자의 모습' 말이다.

여성 이슈와 관련한 공감 능력의 차이도 지적했다. 한 대학생은 "〈미투me too〉라는 외국 노래를 들으며 남자들끼리 '미투'를 조심하라고 낄낄대고 농담을 주고받는 걸 봤어요"라며, 여자가 있는 자리에서 그런 소재를 아무렇지 않게 유머로 소비하는 것도 젠더 권력이며, 여자가 없는 자리에서는 더 심하겠다는 생각이 들어 탈연애를 고려하게 되었다고 했다.

실제 젠더 이슈로 남자친구와 싸워본 적이 있는지 묻자 응답자의 45퍼센트가 '그렇다'고 응답했다. 그리고 이 문제로 38퍼센트가 이별까지 생각해봤다고 했다. 익명을 요구한 또 다른 20대 여성은 이렇게 말했다. "(페미니즘을) 너무 많이 알아버렸고, 그 전으로 돌아갈 수도 없어요. 연애로 내가 무엇을 얻을 수 있을지 모르겠어요."

일부 20대 여성들은 남자친구와 사귀면서 '인지부조화'를 겪기도 한다. 현재 사귀는 남자친구가 좋기 때문에 당장 헤어질 수는 없지만, 이 관계에 문제의식을 느끼는 경우다. 응답 중에는 "젠더 이슈로 남자친구를 설득시킬 수 없다는 걸 깨달았다"란 대답이 여러 번 나오기도 했다. 정모 씨는 "남자친구와 결혼을 생각할 때 전통적 제도에 편입이 되긴 하지만, 우리의 결혼 생활은 가부장제로 꾸려지지 않길 바라요. 하지만 이상적이고 평등한 결혼 생활은 거의 불가능하다는 걸 아니까 인지부조화가 와요"라고 털어놓았다. 20대 후반의 직장인 이모 씨는 가부장제 문화가 자리 잡은 한국에서 자신과 비슷한 생각을 가진 남자를 찾기 힘들 거 같다며, 이젠 한국 남자와 연애를 할 수 없을 거 같다고 말했다.

그렇다면 20대 남성들은 탈연애에 대해서 어떤 생각을 가지고 있을까? 20대 남성 166명을 만나 탈연애 문제에 대해서 이야기를 나눠보았다. 그중 27퍼센트만 '탈연애'란 말을 들어본 적이 있다고 답했다. 탈연애를 처음 들어본 이들은 '들어본 적이 없어서 의견을 낼 수 없다' '처음 들어봐서 당황스럽다' 등의 반응을 보였다. 20대 여성과 비교했을 때 가장 눈에 띄는 점은 탈연애를 해보고 싶다는 질문에 8퍼센트의 남성만이 '그렇다'고 답한 점이다.

또 탈연애에 대해 대부분 냉소적인 반응을 보였다. 남성 응답자들은 '굳이 해야 한다고 생각하지 않는다' '과도

한 포스트모던 가치에 대한 맹신' '연애를 하고 싶으면 하는 거지 굳이 이름을 붙여서 운동인 것처럼 활동해야 하나' 등의 의견을 보였다. 일부는 '섹스어필에 대한 자신감 부족 및 의지박약으로 인한 현실도피' '공부 부족으로 인한 오해에서 생긴 것' '좌파적인 병든 생각'이라고까지 말했다.

하지만 탈연애를 선택한 이유에 대해 공감하려는 시도도 있었다. 대학생 김승민 씨는 데이트 폭력 등으로 연애를 기피하는 건 충분히 이해할 수 있다고 답했다. 다만 젠더 가치관 때문에 탈연애를 하겠다는 건 이해할 수 없다며, 가치관이 맞는 사람과 연애를 하면 될 문제인 것 같다고 말했다. 주변에 그런 문제에 공감하는 남자들이 많은지 묻자 "사실 그런 이슈에 관심을 갖는 남자들이 없긴 해요"라고도 했다.

20대 남성에게 탈연애에 관심을 갖지 않는 이유도 물었다. 20대 박모 씨는 "탈연애 개념이 남자들에게 생소한 이유는 여자와 달리 지금 이 연애 관계에 불편한 점이 없어서일 것이에요"라고 답했다. 고민해볼 필요조차 느껴본 적이 없기 때문에 탈연애에 관심이 없고, 탈연애를 피곤하다고 하는 것이라고 말했다.

고민해볼 필요를 느껴본 적이 없다는 말엔 큰 울림이 있었다. 반대로 여성들에겐 남성과 여성의 관계에 대해 고민해볼 기회가 많다는 소리로 들렸다. 그 고민의 시작점은 어디일까? 앞서 언급했듯 2016년 강남역 살인사건을 계기로 20대 여성들은 여성을 향한 크고 작은 차별에 관심을 갖게 되었다. 그 관심은 연인 관계에서 발생하는 불평등에 대한 고민으로 이어졌다. 반면, 남성들에겐 이런 고민을 할 기회가 상대적으로 많지 않았다. 남성이 여성에 의해 피해자가 되는 일이 적기 때문이다.

단적인 예로 데이트 폭력 피해자의 성비에도 큰 차이가 있다. 경찰청이 집계한 최근 6년간(2016년 1월~2021년 8월)의 연인 간 성폭력, 감금, 살인 등 데이트 폭력 피해자를 보면, 여성이 47,767명, 남성은 6,959명이다. 여성 피해자의 비율이 약 6.8배 높다. 연일 흘러나오는 데이트 폭력 기사를 보며 여성들은 남녀 관계에서 발생하는 불평등에 대해 더 깊이 고민할 수밖에 없다.

물론 탈연애를 고민하는 여성들이 모든 남성 혹은 자신의 남자친구를 데이트 폭력의 가해자로 보는 건 아니다. 많은 여성들은 적어도 자신이 느끼는 두려움, 혹은 임신 가능성 등과 같은 고민을 이성 친구가 그저 이해해주길 바란다고 말했다. 하지만 상대적으로 이성 관계에서 발생하는 불평등함을 고민할 기회가 적었던 남성들은 탈연애를 택하는 여성들을 이해하기 어려워했다.

탈연애에 대한 20대 남녀들의 이야기를 담은 글이 신문 지면에 실렸을 때 큰 반향을 불러일으켰다. 일각에서는 '급진적인 일부 여성의 이야기다' '연애하지 않는 걸 왜 운동으로까지 해야 하냐'며 이해하지 못하겠다는 반응도 나왔다.

내가 대학가에서 만난 사람들과, 광화문 광장에서 탈연애 운동을 벌이는 활동가들이 말하고 싶었던 건 단순히 '연애를 하지 않겠다'가 아니었다. '정상적'이라고 규정되는 연애 속, 그동안 우리가 무심코 지나쳐버린 수많은 여성혐오에서 벗어나겠다는 움직임이었다. 탈연애를 급진적인 흐름으로만 봐야 할까? 왜 밀레니얼 세대가 광장으로 나가 탈연애 운동을 할 수밖에 없는지, 연인 관계에 대한 불편함을 더 예민하게 받아들일 수밖에 없는지 고민해봐야 할 때가 아닐까?

그걸 왜 남자가 맞아?

이젠 남자도 '자궁경부암 주사'

나는 요즘 말로 '유교 보이boy'다. 특히 성性에 있어서는 또래보다 보수적인 편이다. 이런 나와 달리 성에 대한 우리 사회의 인식은 빠르게 변하고 있다. 자연스러운 흐름으로 보인다. 그간 성 엄숙주의가 사회 구성원들(특히 여성)을 억압해왔던 역사를 생각해보면 긍정적인 변화란 생각도 든다. 다만 이를 반영한 대중문화 작품 속 장면들은 대부분 아쉽다. 개방적인 성 문화를 보여주는 데에서 그칠 뿐, 건강하고 평등한 관계에 대한 고민이 빠져 있는 경우가 많기 때문이다. 그런 와중에 우연히 한 드라마 속 장면을 보고 무릎을 쳤다.

남자친구 : 우리 19금으로 등급 상향하면 안 돼?

여자친구 : 자궁경부암 예방주사 맞고 와.

2020년 방영된 tvN 드라마 〈청춘기록〉에 나온 장면이다. 방송 후 '자궁경부암 예방접종'이 실시간 검색어 순위에 올랐다. 극 중 주인공들이 나누는 대화가 화제가 된 것이다. 자궁경부암 등 각종 질병을 일으키는 인체유두종바이러스HPV가 주로 성관계를 통해 전파되기 때문이다.

흔히 '자궁경부암 백신'이라고 부르는 약은 'HPV 백신'이 더 정확한 표현이다. 여성이 이미 백신을 접종했다 해도 HPV에 감염된 남성과 성관계를 가지면 감염될 수 있다. 양쪽 모두에게 접종이 권장되는 이유다. 의학적으로 '적절한' 이 대사는 온라인 커뮤니티에서 반응이 뜨거웠다. 남성도 HPV 예방접종을 해야 한다는 사실을 알려준 것은 물론, 건강한 성관계의 모범사례를 보여주었다는 반응이 주를 이뤘다. 하지만 현실 속 20대 청년들이 털어놓은 백신의 기억은 청춘 드라마처럼 훈훈하지만은 않았다.

"고등학교 3학년 때 어머니가 저를 병원에 데려가서 웬 주사를 맞으라고 하시는 거예요. 제가 무슨 주사냐고 계속 물어도 설명하기 껄끄러우신지 말씀이 없으시더라고요." 대학원생 황모 씨는 8년 전 기억이 생생했다. 당시 그는 대입 수능을 치르고 어머니 손에 붙들려 산부인과를 찾았다. 그곳에서 의문의 주사를 맞았는데, 당시 딸의 질문에 입을 굳게 다물었던 어머니는 몇 년이 지난 뒤에야 그날 맞은 주사가 HPV 백신이라는 사실을 털어놓았다.

"남자친구한테 (자궁경부암) 예방접종을 권했더니 '그러게, 맞아야겠네'라고 영혼 없이 대답만 하더라고요. 자기가 걸릴 병이 아니라고 안심하는 느낌이 들어 화가 났죠." 20대 후반 직장인 심모 씨는 대학교 2학년 때 HPV 백신 주사를 맞았다. 당시 남자친구에게도 예방접종을 권유했지만, 성의 없는 반응만 돌아왔다고 한다. 성관계는 원하면서도 안전하고 건강한 관계를 위한 노력은 소홀히 하는 모습이 무척 실망스러웠다.

세간의 오해와 달리 HPV 바이러스는 남성도 공격한다. 여성의 자궁경부암뿐 아니라 남성 항문암과 생식기 사마귀 등을 유발한다. 성별과 관계없이 백신 접종이 필요한 이유다. 하지만 백신 개발 초창기만 해도 HPV 바이러스가 남성에게 질병을 일으킬 수 있다는 연구 결과가 없었다. 자연스레 '자궁경부암 백신'으로 알려진 이유다.

'자궁경부암 백신'이라는 이름이 굳어지면서 여성에게만 HPV 예방접종을 권장하는 인식이 뿌리내렸다. 대학원생 황모 씨는 "여성은 접종하는 걸 당연하게 여기고, 남성은 접종하면 '개념남'이라고 치켜세우는 게 이해되지 않아요. 다른 누군가를 위해서가 아니라 나 자신을 위해 접종한다는 인식이 자리 잡아야 합니다"라고 말했다.

'자궁경부암 백신'이라는 말부터 바로 잡아야 한다는 지적도 있다. 2019년 HPV 백신 접종 후기 영상을 올린 유튜버 '주긍정'은 "영상에 달린 댓글 중 '그걸 왜 남자가 맞느냐'고 묻는 사람이 많았어요. '자궁'이라는 단어 때문에 여자들만 맞는 주사라는 오해가 생긴 것 같아요"라고 했다.

아이들의 성 경험을 부정적으로 바라보는 어른들의 눈도 HPV 백신을 주저하게 하는 요인 중 하나다. 고등학생때 가족의 권유로 HPV 백신을 맞았다는 김모 씨는 "여학생이 산부인과에 가는 걸 보는 주변 시선이 곱지 않았어요. 성관계를 했거나 성 경험이 많은 사람만 맞는 백신이라는 편견 때문에 어린 나이인 주변 친구들은 접종을 꺼렸어요"라고 했다. 아예 자녀의 성 경험 언급 자체를 꺼리는 부모 때문에 당황스러웠다는 경험담도 있다.

8년 전 어머니 손에 이끌려 영문도 모르고 HPV 백신을 맞은 황씨는 아직 성인이 되지 않은 딸에게 왜 백신을 맞아야 하는지 설명하기가 곤란하셨던 것 같다면서도 아무 말 없이 병원에 데려가서 주사를 맞게 한 건 폭력이라고 말했다. 하지만 어른들의 우려가 무색하게 청소년 때 성관계를 경험하는 학생 비율은 꾸준히 늘어나는 추세다. 질병관리청에 따르면 중학교 1학년에서 고등학교 3학년 학생 중 '성관계 경험이 있다'고 응답한 비율은 2016년 4.6퍼센트를 기록한 이래 매해 증가하여 2019년엔 5.9퍼센트까지 올라갔다. 그러다 2020년 다시 4.6퍼센트로 떨어졌다. 고3 학생의 경우 성경험이 있는 학생은 10.1퍼센트에 달했다. 더는 미성년자들의 성생활에 대해 외면해선 안 된다는 걸 보여주는 수치다.

실제로 백신의 필요성도 점점 커지고 있다. 자궁경부암으로 병원을 찾는 젊은 환자가 늘고 있기 때문이다. 자궁경부암으로 병원을 찾은 환자는 2016년 5만 7,164명에서 2020년 6만 4,142명으로 12퍼센트 이상 늘었다. 여기서 주목할 점은 2030 환자 수가 늘었다는 사실이다. 같은 기간 1만 4,572명에서 1만 7,806명으로 22퍼센트 이상 늘었다.

우리나라는 2016년부터 만 12세 이하 여자 어린이를 대상으로 HPV 예방접종을 지원하고 있다. 여기에 포함되지 않는 모든 남성과 13세 이상 여성은 50~60만 원이라는 적지 않은 비용을 내고 주사를 맞아야 한다. 건강보험 적용 대상이 아니기 때문이다. 반면 미국·호주·독일·영국 등 외국에선 성별과 관계없이 폭넓게 접종을 지원하고 있다.

더불어민주당 최혜영 의원은 HPV 국가예방접종 대상을 만 18세 미만 남녀 모두로 확대하는 법안을 대표 발의했다. 하지만 백신 접종 확대만이 전부는 아니다. 전반적인 성 인식의 변화도 중요한 과제다. 드라마 〈청춘기록〉 속 장면이 우리에게 던진 메시지는 '남자도 HPV 예방접종을 해야 한다'가 아니라 '건강하고 평등한 관계의 조건은 무엇인가'라는 질문일 것이다.

너희 엄마 김치찌개 장인

여혐 표현 넘쳐나는 교실

"느금마, 김치찌개 장인." 온라인 게임을 하다가 채팅창에서 이 말을 우연히 보았다. 이 글을 보고 기분이 나빠진한 게임 이용자가 "패드립은 하지 마"라고 반박했다. 대화를 지켜보고 있었지만 처음엔 이 말이 무슨 뜻인지 감이 오지 않았다. 하지만 이내 부모님을 돌려서 욕하는 거라고 추측할 수 있었다. 나이가 어린 게임 이용자겠거니하고 흘려넘겼지만, 실제로 어린 학생들이 일상에서도 이런 말을 쓰는지 물어보고 싶었다.

결국 참지 못하고 한 초등학교를 찾아갔다. 서울 서대문구에 있는 한 초등학교 앞. 학생들에게 요즘 어떤 욕을사용하는지 묻자 다양한 답이 돌아왔다. '느금마, 김치찌개 장인'도 실제로 있었다. 같은 지역 중학생들 역시 이표현을 쓴다고 대답했다.

언뜻 듣기에 칭찬 같다. 하지만 이 표현은 상대 부모를 욕하는 '패(륜)드립'으로 쓰이고 있었다. 중학교 3학년 김 모 군은 "친구 어머니를 욕하는 패드립이지만 책임지지 않기 위해 돌려 말하는 거예요"라고 설명했다. 비슷한 표현으론 '느금마 순두부찌개 장인' '김치찌개에 버섯 넣었다'가 있다.

초등학교 교사인 조은선 씨는 어머니 욕은 여성 혐오 표현의 하나라며 "초등 1학년 아이들도 유튜브에서 유행하는 '보' 자가 들어간 단어 등 일일이 지적하기도 힘든 여혐 표현을 사용해요"라고 했다. 그래서 '요즘 아이들'이 교실에서 사용한다는 여성 혐오 표현을 한번 살펴보았다.

서울 서대문구 소재 중학교에 다니는 3학년 박모 군은 "기분 나쁘게 하려고 친구 엄마의 이름을 부르기도 해요"라고 했다. 학교 생활기록부나 친구가 들고 다니는 체크카드를 보고 친구 엄마의 이름을 알아낸다고. 아버지 이름은 부르지 않는지 묻자, 이유는 모르겠지만 아버지 이름은 부르지 않는다고 했다.

학생들은 '씨X' '돌대가리' 등 기존에 쓰던 욕을 말하기도 했지만 '응, 니 며느리' 'SLD나 챙겨라' 등 낯선 표현도 말해주었다. '응, 니 며느리'는 '응, 니 애미'를 쓰지 말라고 하자 대신 쓰는 표현이다. 'SLD'는 '생리대'를 뜻하는 은어다. 그 외 '니 와꾸 빻았다' '가슴 작다'도 있었다.

> ▶ 느금마 김치찌개 장인 : 맥락 없이 상대의 부모를 언
> 급하면서 기분을 상하게 하는 표현. 느금마는 '너희 엄
> 마'를 뜻한다. 비슷한 표현으로는 '느금마 순두부찌개
> 장인'이 있다.
> ▶ 와꾸 : 일본어로 테두리란 의미로, 얼굴을 뜻하는 속어
> 로 쓰인다.
> ▶ 패드립 : 패륜과 드립의 합성어로, 패륜적인 농담 혹은
> 발언을 뜻한다.

단순히 표현에서 그치지 않는 경우도 있다. 교사 박효
진 씨는 이전에 근무하던 초등학교에서는 일부 남학생들
이 공개적인 장소에서 성관계하는 모습을 흉내 내기도
했었다고. 같은 지역 초등학교 교사인 정윤식 씨는 아이
들이 여성의 가슴 사진을 확대해서 돌려보고 점수를 매
기기도 한다고 전했다.

학교 앞에서 만난 학생들은 해맑게 웃으며 비속어를
내뱉었다. 이런 말의 문제점을 모르는 듯 말이다. 이를 두
고 초등학교 교사인 김수진 씨는 학생들이 '해맑은 차별'

을 한다고 표현했다. 혐오나 차별을 무비판적으로 배우고 사용한다는 의미였다. 안양시에 사는 고등학생 김모 양은 여성비하 발언을 하루도 안 들은 날이 없다고 말하기도 했다.

전문가들은 학생들의 이런 행동이 더 위험한 여성 혐오로 이어질 수 있다고 지적했다. 김대유 경기대학교 교육대학원 초빙교수는 어린 시절 접하는 비하 표현은 그 영향력이 어른에게 미치는 영향보다 더 크다고 했다. 김 교수는 남학생에게 '여혐'은 또래 집단에서 동질감을 느끼는 수단이며, 여학생은 수치심을 느끼면서도 제대로 대응하지 못하니 건강한 성인으로 성장하는 데 심리적 지장이 생긴다고 분석했다.

문제는 여성 혐오 표현과 행동이 점점 다양해지고, 이를 사용하는 연령대가 낮아지고 있다는 점이다. 교사들은 학생들이 어린 시절부터 유튜브 등 인터넷 커뮤니티에 노출되기 때문이라고 분석했다. 정윤식 교사는 학생들이 어릴 때부터 걸러지지 않은 여성 혐오 표현을 스마트폰으로 보고 그대로 사용한다며, 고학년 중에도 장애인 · 노약자 인권과 달리 여성 인권에는 공감하지 못하는 친구들이 많다고 말했다. 실제 중학교 3학년인 홍모 군은 "유튜브나 페이스북에 뜨는 영상들에 욕이 많이 나와요. 기자님이 직접 BJ 신태일 영상을 찾아보세요"라고 했다.

교사들은 학생들의 여혐 표현을 막기 위해 젠더 교육이 필요하다고 입을 모았다. 하지만 교사들조차 학생들을 대상으로 어떻게 교육을 시켜야 할지 몰랐다. 초등학교 교사를 양성하는 교육대학교에선 젠더 교육을 어떻게 시켜야 하는지 가르쳐주지 않기 때문이다.

중학교 3학년인 이수영 학생은 자신의 기준으로 봤을 때 성인지 감수성이 있는 선생님은 스무 명 중 한두 명 꼴이었다고 하며, "한 체육 선생님은 '남자는 스포츠맨십을 기르면 사회생활에 도움이 되고, 여자는 수다 떠는 게 애 키울 때 도움이 된다'는 말도 했어요"라고 했다. 청소년 페미니스트 네트워크 '위티weTee'의 10대 활동가인 김화영 양은 얼평·몸평을 당해도 페미니스트로 낙인찍힐까 두려워 공론화하지 않았다며 야한 농담이나 패드립을 지적하는 선생님만 있어도 상황이 많이 나아질 것이라고 했다.

이런 문제의식에서 시작한 교사들의 모임도 있다. 바로 초등젠더교육연구회 '아웃박스'다. '아웃박스'는 2019년 11월 1일, 서초구 서울교육대학교에서 '성교육 페스티벌-성교육, 전체이용가' 행사를 열었다. 성별 고정관념을 가르치지 않기 위해선 어떻게 해야 하는지, 학생들의 성인지 감수성을 키우기 위해선 어떻게 교육해야 하는지 등을 소개하는 부스가 마련되었다. 초등학생이 연애할 때 어떻게 해야 하는지도 주제 중 하나였다. 행사를 후원한 서울시는 다양성을 위한 행사이며, 젠더 이슈에 관심이 높아 앞으로도 지원을 넓힐 예정이라고 밝혔다.

현재 교육청 지침상 교사들이 받아야 하는 성교육은 1년에 세 시간이고, 그마저도 성폭행 방지에 머물러 있다. 아웃박스 소속인 경기도 소재 초등학교 교사 황고운 씨는 교사를 대상으로 한 젠더 교육도 부족한 실정이라며, 학교의 보건교사가 1년 여섯 시간 정도 성교육을 지도하긴 하지만 아이들과 가까운 담임 교사도 직접 해야 한다고 주장했다. 성교육 페스티벌을 기획한 김수진 교사는 교대생들이 행사에 관심이 아주 많아 이 분야에 목말라한다는 걸 느꼈다고 했다. 그는 자신의 반 아이들이 이제 서로 '그런 표현 쓰면 차별 아니야?'라고 말할 정도로 의식 수준이 높아졌다고 하며, 역시 답은 교육에 있다고 덧붙였다.

중학교 3학년인 박찬민 군도 좋은 선생님을 만난 덕에 자신이 속한 반도 상황이 괜찮다고 전했다. 한편 우옥영

보건교육포럼 이사장은 교육도 중요하지만 개별 교사에게 부담을 주어선 안 된다며 성교육을 체육이나 음악처럼 정규 교과로 편성해야 문제를 근본적으로 해결할 수 있다고 조언했다.

교사뿐 아니라 모두가 노력해야 교실을 바꿀 수 있다는 의견도 있다. 책《우리 목소리는 파도가 되어》를 출간한 출판사 '열다북스'의 국지혜 대표는 차별이 만연한 사회에서 자라는 아이들은 당연히 혐오 표현을 습득할 수밖에 없으니, 사회 전반의 성차별적 문화나 관행이 바뀌어야 한다고 강조했다.

그날 우리는 어린 학생들이 해맑은 표정을 하고 적어낸 거친 말들에 적잖이 놀랐다. 성인 남녀가 주고받았다면 관계를 끊거나 심하게는 성희롱으로 입건이 될 법한 표현이었다. 그리고 다시 조사해본다면 최근엔 '미러링'으로 등장한 남성 혐오 표현도 꽤 많을 것이다. 아이들 입에서 나오는 말들은 어른에게서 시작되었을 테니 말이다. 밀레니얼 세대의 젠더 갈등을 어떻게 해야 후대로 이어가지 않을지, 고민이 깊다.

낙태하면 정말 지옥에 갈까

낙태죄 폐지를 외치는 신도들

낙태는 종교계에서는 금기시된 논제였다. 생명을 가장 소중하게 여기는 종교계에서 낙태는 곧 생명을 죽이는 일이자 죄이기 때문이다. 하지만 이 견고하고 보수적인 종교계에도 낙태죄 전면폐지를 찬성하는 목소리를 내는 사람들이 등장하고 있다. 낙태죄의 헌법불합치 결정 이후, 정부에서 '14주 이내의 태아만 낙태가 가능하다'는 개정안을 2020년 10월 입법예고하면서부터다. 낙태가 가능한 임신주수를 14주라고 조건을 내건 정부에 여성계 등에서는 크게 반발하였다. 오히려 낙태죄 헌법불합치 이후로 퇴보된 입법예고안이라는 지적도 줄을 이었다. 이런 상황에서 본인의 종교 교리에 대항해 여성의 자기결정권을 주장하는 종교인들이 모여 큰 목소리를 내기 시작했다.

"임신하지도 출산하지도 않는 신부들이, 낙태가 눈앞

에서 강론을 듣는 자매들에게 얼마나 익숙한 경험인지 상상도 못 하는 신부들이, 함부로 죄를 이야기하는 오만함을 견딜 수가 없습니다." 낙태죄 전면폐지를 지지하는 천주교 신도 1,015명이 쓴 선언문 중 일부다. '모두를 위한 낙태죄 폐지 공동행동'의 활동가들은 2020년 10월 14일 기자회견에서 신도들의 지지선언문 대독을 진행했다. 천주교가 주장하는 생명권에는 여성의 삶이 배제되어 있다는 게 이들의 이야기였다.

이번 논란은 2019년 4월 헌법재판소가 '낙태죄가 여성의 자기결정권을 침해한다'며 헌법불합치 결정을 내리면서 시작되었다. 1년여의 논의 끝에 2020년 10월 7일 정부가 낙태죄를 유지하되 임신 14주 이내엔 조건 없이 임신 중지(낙태)를 할 수 있는 형법 개정안을 입법예고하면서 다시 불이 붙었다. 입법예고안이 발표된 뒤, 산부인과 의사들은 이보다 4주를 더 줄인 임신 10주 미만까지만 제한 없이 낙태를 허용해야 한다고 주장했다. 대한산부인과의사회 등은 기자회견을 통해 태아는 임신 10주까지 대부분의 장기와 뼈가 형성되어 태아가 성장할수록 과다출혈, 자궁손상 등의 위험이 증가한다고 밝혔다.

종교계는 낙태죄를 계속해서 유지해야 한다는 입장이

다. 개신교, 천주교, 불교 대부분이 생명 존중의 종교적 가치를 들어 '태아부터 생명체로 봐야 한다'는 교리를 기본적인 전제로 가지고 있다. 가톨릭교구 협의체인 한국천주교주교회의는 8월 성명을 통해 "낙태죄 폐지는 태아의 생명권을 보호해야 할 의무를 포기하는 것으로 헌법에 위배된다"라는 입장을 밝히기도 했다. 그뿐만 아니라 개신교 내 보수성향 단체인 한국기독교총연합회와 한국교회연합도 낙태죄 폐지 반대 입장을 내놓았다. 모두가 낙태죄를 유지해야 한다는 입장은 아니었다. 일부 진보적인 교단이 찬성하는 목소리를 내면서 입장이 갈리기도 했다. 대한불교조계종은 낙태죄에 대한 공식 입장을 내지 않았다.

그렇다면 신자들은 종단과 마찬가지로 임신 중단을 모두 죄라고 생각할까? 낙태죄 폐지를 지지하는 다섯 명의 개신교, 천주교, 불교 종교인의 이야기를 들어봤다.

"생명을 죽이는 일이기에 낙태는 안 된다고 하잖아요. 근데 처음으로 생겨난 존재만 생명인가요? 미안한 말이지만 저도 생명이거든요." 한 개신교 신자는 이렇게 말했다. 제각기 다른 종교를 믿지만 낙태죄 폐지를 지지하는 신자들은 이구동성으로 국가가 여성의 몸을 통제해선 안 된다고 목소리를 높였다. 모태신앙인 개신교 신자 김미선 씨는 국가가 여성을 위한 사회적 보장을 마련하기보다 오히려 그 책임을 처벌로 해결하려는 듯 보였다고 울분을 토하기도 했다. 지난해 4월 낙태죄가 '헌법불합치' 판결을 받던 날, 김씨는 헌법재판소 앞에서 기도회를 열다 기쁨의 눈물을 흘리기도 했다. 하지만 그로부터 1년이 지난 뒤에도, '임신 중단'은 여전히 죄로 남았다.

김씨는 "일부 사람들은 낙태죄가 유지되면 여성이 임신중절(낙태)을 하지 않을 거라고 생각해요. 실은 그렇지 않거든요. 오히려 낙태죄 때문에 중절 수술은 더 음지에서 이뤄지죠. 비위생적인 환경에서 수술을 해서 여성들의 몸을 해치는 경우도 발생해요"라고 말했다. 낙태죄의 완전한 폐지가 여성들에게 제대로 된 의료서비스를 제공할 수 있게 만든다는 지적이다. 김씨는 여성의 건강권을 지키는 것도 생명권 측면에서 중요한 이야기라고 말했다. 또 사람들은 태아를 지킨다고 말하는데 대체 누구로부터 지킨다는 건지 모르겠다고도 했다.

교리와 다르게, 낙태죄 폐지에 찬성하는 일이 이들에게 쉽지만은 않았다. '천주교 신자 낙태죄 폐지 지지 선언문' 기자회견을 준비한 실비아(세례명) 씨도 그랬다. 실비아 씨는 스무 살 초반까지만 해도 성당에서 말하는 '생명 사랑'이라는 구호에 가슴 설레곤 했다. 하지만 낙태를 고민하는 여성의 이야기를 들으면서 낙태죄 폐지를 지지하게 되었다. 실비아 씨는 성당에서 '낙태는 살인'이라는 구호를 너무 익숙하게 접하며 '살인'이라는 단어로 여성에게 손쉽게 낙인을 찍고, 불평등을 자행하는 일이 너무 쉽게 일어나는 것을 보았다.

종교가 약자를 위한 것이라면, 태아만큼이나 원치 않는 임신을 겪는 여성도 생각해야 한다는 목소리도 나왔다. 개신교 신자인 20대 황모 씨는 "임신해서 (아이를 지우려) 계단에서 구른 중학생 이야기나 수학여행 휴게소에서 혼자 아이를 낳고 아이를 두고 갔다는 등의 뉴스를 너무 많이 접했어요"라며, 그들이 겪었을 불안함을 생각해보면 교회가 해야 할 일이 그 사람들을 사지로 내모는 일일까, 하는 생각이 들었다고 했다.

불자인 박모 씨의 생각도 같았다. 박씨는 "불교의 오계五戒 중 하나가 불살생不殺生이에요. 하지만 오늘을 살아가는 여성들, 임신 중지를 선택할 수밖에 없는 여성들도 자비의 사상으로 바라보고 그들과 함께 살아갈 세상을 고민해야 해요"라고 말했다. 불교계 여성권익 연대체인 성평등불교연대도 헌재 판결일에 "더이상 여성만을 억압하는 '낙태죄'는 없다"는 성명문을 발표했다.

이들은 낙태죄를 종교와 분리해서 봐야 한다고 주장한다. 불자 박씨는 종교나 개인적 신념으로 낙태를 하지 않을 수 있지만, 낙태 행위를 법으로 처벌하는 건 전혀 다른 이야기라며 임신 중절을 하겠다는 사람들을 범죄로 명명하는 것이 과연 옳은지에 대해 생각해봤으면 좋겠다고 했다.

낙태죄를 찬성하는 종교인들에게 마지막으로 전할 이야기가 있는지 묻자, 천주교 신자인 실비아 씨는 "우리는 모두 태아였다는 이야기를 교회나 성당에서 많이 하는데요, 우리는 모두 태아였기도 하지만 여성의 삶과 여성의 몸을 빌려서 세상에 나왔다는 사실 또한 모두 기억해야 해요. 그 말을 꼭 전하고 싶어요." 하였다.

2021년 1월 1일 이후로 '낙태죄'는 사라졌다. 그렇다면 안전한 임신 중단도 가능해졌을까? 14주 논란을 빚은 입법예고안은 결국 대체 입법조차 마련되지 못한 채로 사라졌다. 형법상 낙태죄는 '죄'가 아니게 되었지만, 여전히 임신 중단을 필요로 하는 여성들을 보호해줄 수 있는 장치는 없는 상황이다. 정보가 부족한 어린 임산부들은 낙태에 대한 정보를 얻기 위해 온라인 커뮤니티와 오픈 카카오채팅방을 전전하고 있다. 국회에서 우물쭈물하며 다음 국회로 넘길 눈치를 보는 동안, 원치 않은 임신으로 고통받는 여성들은 끊임없이 생겨나고 있다.

《82년생 김지영》 논란

《82년생 김지영》 정말 문제작인가

조남주 작가의 소설 《82년생 김지영》은 10년간 국내에서
출간된 소설 가운데 대중에게 가장 널리 알려진 작품이
아닐까 싶다. 총 판매 부수 1백만 부를 넘긴 흥행작이기
도 하지만, 온라인상에서 벌어지고 있는 젠더 갈등 그 중
심에 《82년생 김지영》이 있기 때문이다. 작품성에 대한
논의와 별개로 《82년생 김지영》은 마치 극단적인 페미니
즘의 상징처럼 여겨진다. 실제로 소설 《82년생 김지영》
을 읽고 SNS에 후기를 남긴 연예인들이 악플 세례를 받
기도 했다.

소설을 원작으로 한 영화가 개봉했을 때도 상황은 비
슷했다. 이 작품은 개봉 전부터 '별점 테러' '악플 세례'에
시달렸다. 일부는 '82킬로그램 김지영'이라고 비꼬기도
했다. 한국 사회와 남성은 가해자, 여성은 일방적인 피해
자로만 묘사했다는 게 그 이유였다.

이 영화는 정말 '문제작'일까? 사실 궁금했다. 온라인 상에서만 이 작품에 대한 반감이 심한 건지, 아니면 현실에서도 심한 건지 말이다. 정말로 20대 남성들은 이 영화에 거부감을 가지고 있을까? 그래서 주변 지인들에게 부탁했다. 친구나 이성친구에게 영화 〈82년생 김지영〉을 같이 보자고 물어봐달라고.

반응은 여러 가지였다. 어떤 친구는 "싸우자는 거 아니냐?"라고 하고, 또 어떤 친구는 "그래. 뭐, 보러 가자"고 했다. 여자친구가 〈82년생 김지영〉을 보러 가자고 했을 때 1분도 지나지 않아 단호하게 "그거 보고 싶지 않은데"라고 대답한 남자친구도 있었다고 한다. 물론 아무렇지도 않게 "보러 가자"라는 반응을 보인 남자친구도 있었다.

이 작품을 같이 보자고 하는 건 강요라는 의견도 있었다. 직장인 강모 씨는 "내 성향을 알면서도 옆에 앉혀놓겠다는 건 강요이자 싸우자는 것 아닌가요? 꿍한 상태로 영화를 보러 가긴 하겠지만, 보고 난 뒤 서로 의견이 많이 맞지 않으면 화를 낼 것 같아요"라고 말했다.

반면, 직장인 이모 씨는 "여자친구가 연극 〈이갈리아의 딸들〉이나 영화 〈82년생 김지영〉을 같이 보러 가자고 해도 전혀 상관없어요. 인터넷에 여험 댓글을 다는 건 1퍼센트라고 하지 않나요?"라고 되물었다. 별점 테러를 하고 악플을 다는 건 극히 일부라는 말이었다.

〈82년생 김지영〉을 두 번 보겠다는 남성도 있었다. 여자친구와 누나와 각각 한 번씩 보겠다고 했다. 또 다른 남성이 동성 친구들에게 물었다. "나랑 〈82년생 김지영〉 보러 갈래?" 그러자 박모 씨는 "극장에서 욕하면 사진 찍히는 거 아니냐?"라고 했다. 반면 최모 씨는 좋다며 이모티콘을 함께 보내기도 했다. 여성이 여성 친구들에게 물었을 때는 특별한 의견 없이 모두 '좋다'는 반응이었다.

〈82년생 김지영〉은 정말 젠더 갈등을 조장할까? 영화가 개봉했을 당시 신촌의 한 극장을 찾아 영화를 본 관객들의 목소리도 직접 들어봤다. 함께 영화를 보러온 50대 부부도 있었고, 20대 커플도 종종 눈에 띄었다. 온라인상에서 이 작품이 젠더 갈등의 상징으로 여겨지는 것과는 달리 오히려 함께 영화를 보러온 커플이 많았다.

여자친구와 함께 영화를 본 이대욱 씨는 자신의 부모님, 동생의 이야기일 수도 있겠다는 생각을 했다며, 영화가 사회적으로 내포하는 의미가 충분히 있는데 보기도 전에 낙인을 찍는 게 이해가 되지 않는다고 말했다.

이씨의 여자친구 역시 "사회생활을 아직 안 해봐서 경

력 단절이나 육아를 100퍼센트 공감할 순 없지만, 극 중 김지영이 학창시절에 겪은 어려움에 공감했어요. 어렸을 때 불렀던 동요 〈아빠 힘내세요〉 등 남성의 고충을 이야기하는 콘텐츠는 많은데, 여성의 고충을 이야기하는 이 작품을 왜 문제작 취급하고 나쁘게만 해석하는지 모르겠어요"라고 덧붙였다.

'네이버 영화'에 올라온 평점을 살펴보면, 영화를 보지 않은 관객까지 포함한 네티즌 평점에선 남성들이 10점 만점에 1.91점을 줬다. 하지만 실제 영화를 본 사람만 남길 수 있는 관람객 평점에선 남성들이 9.58점을 준 것을 확인할 수 있다. 영화를 본 남성들은 이 작품에 대한 반감이 크지 않다는 의미다.

〈82년생 김지영〉뿐 아니라 동명 소설을 원작으로 한 연극 〈이갈리아의 딸들〉을 함께 관람한 커플도 있었다. 종로구 두산아트센터에 여자친구 서모 씨와 함께 공연을 보러온 김모 씨는 우리나라에서 '페미니즘'이라고 하면 '한남충' 등 과격한 표현을 쓴다는 이미지가 있어 반감을 갖는 사람도 많지만 공부를 해보니 그게 아니었다고 했다. 여성의 입장을 고려하면 페미니즘이 정당하다고 생각하고, 원작 소설을 어떻게 연출했을지도 궁금해서 여자친구와 연극을 보러왔다고 했다.

〈82년생 김지영〉은 왜 논란의 중심에 서게 되었고, 우리는 논란을 어떻게 바라봐야 할까. 문화비평가 최태섭 씨는 소설이나 영화의 내용을 비판하기보다는, 이 작품이 상징하는 여성혐오 및 성차별에 대한 고발에 일부 남성들이 반감을 드러낸 것으로 보인다고 분석했다.

이 소설이 처음 출판된 건 2016년으로, 영화는 2019년에 개봉했다. 이 이야기가 세상에 나온 지 벌써 6년이 넘었다. 하지만 여전히 이 작품에 대한 평가는 엇갈리고 있다. 우리나라에서 '문제작'으로 여겨지는 것과 달리 해외에선 좋은 평가가 이어지고 있기도 하다. 〈타임〉은 《82년생 김지영》을 2020년 '꼭 읽어야 할 책 100권'에 선정하기도 했다. 또 영어뿐만 아니라 일어, 독어 등으로도 번역되었다. 일본에선 20만 부 이상 팔리며 베스트셀러에 오르기도 했다. 김지영의 삶에 공감하는 여성들이 세계 곳곳에서 모습을 드러내고 있다.

혹시 여전히 《82년생 김지영》이 불편하다면 비난하기에 앞서 이 작품에 대한 편견을 내려놓고, 왜 전 세계 여성들이 밀레니얼 세대 끝에 걸쳐진 82년생 김지영 씨의 이야기에 귀를 기울이는지 생각해보면 좋겠다.

20학번 새내기 트랜스젠더

트랜스젠더는 어떻게 살고 있을까

"성전환 수술을 받는다면, 트랜스젠더도 여자대학교에 들어갈 수 있을까?" 여자대학교를 다니면서 아주 가끔 이런 생각을 했었다. 특별한 계기가 있었던 건 아닌데 그냥 궁금했다. 궁금한 건 참지 못하는 성격 탓에 직접 해외 여자대학교의 사례를 찾아보았다. 실제 미국의 여자대학교인 뉴욕 버나드 칼리지, 스미스 칼리지 등은 트랜스젠더 여성의 입학을 허용하고 있었다. 그런데 더욱 놀라웠던 건 바로 입학규정이었다. 입학규정에는 "여성으로 살고 있거나 자신을 여성이라고 인지하는 학생의 입학을 허용한다"라고 적혀 있었다. 즉 성전환 수술을 받지 않아도 자신을 여성이라고 생각한다면 여대 입학이 가능하다는 뜻이었다.

몇 년이 지난 뒤, 우리나라에서도 트랜스젠더의 여대 입학 문제가 수면 위로 떠올랐다. 2020년 초 한 트랜스젠더 여성이 숙명여자대학교에 합격했기 때문이다. 해당 학생은 'MTF(Male To Female, 남성에서 여성으로 전환)' 트랜스젠더였다. 논란이 되자 결국 해당 학생은 여대 입학을 포기하고 말았다. 이 논란을 지켜보고 있자니 트랜스젠더의 삶이 궁금해졌다. 텔레비전을 통해 연예인 트랜스젠더의 삶은 보았지만, 일상생활에서 그들을 직접 만난 적은 없었다.

취재를 위해 대학교 입학을 앞두고 있는 트랜스젠더 A씨를 만나 이런저런 이야기를 나누었다. "같은 고민을 했던 트랜스젠더인데, 저만 대학에 가니까 죄책감도 들었어요. 제가 할 수 있는 게 아무것도 없는 상황이 답답했죠." 대학 입학을 포기한 숙명여자대학교 트랜스젠더 합격생에 대해 묻자, A씨는 이렇게 말했다. MTF 트랜스젠더인 A씨는 수도권 소재 대학에 합격해 등록을 마치고 입학을 기다리고 있었다. A씨는 숙대 합격생과 변희수 하사 덕분에 살아갈 희망을 얻었다고 했다. "그들의 용기 덕분에 '우리(트랜스젠더)도 일하고 싶다' '우리도 공부하고 싶다'는 이야기를 할 수 있게 되었어요."

그는 언제부터 본인이 남성이 아닌 여성이라고 생각했을까? A씨는 특별한 계기가 없었다고 말했다. 특별한 사건은 없었다면서도 "중학교 때부터 게임, 운동을 즐기는 남학생의 문화가 맞지 않아 제가 게이인 줄 알았어요. 하지만 '트랜스젠더'로 절 설명하니 기분이 달랐어요"라고 했다. 입고 싶었던 옷, 나에게 맞는 옷을 입은 느낌이었다고.

하지만 가족들조차 처음엔 그를 받아들이기 쉽지 않았다고 한다. 평소 성소수자를 존중해야 한다고 가르치시던 목사인 A씨의 아버지도 막상 A씨가 '커밍아웃'을 하자, "내 자식이 아니다"라고 했다. 처음엔 맞기도 하고, 몸싸움을 하기도 했다고. 하지만 2년이 지난 뒤부터 부모도 서서히 마음의 문을 열어 A씨를 이해하기 시작하였다. A씨의 아버지는 A씨의 마음에 공감하며 완전한 여성으로 받아들일 순 없지만, 트랜스젠더으로 살아가는 데 돕겠다고 했다.

A씨를 만났을 때 그는 성전환 수술을 받기 전이었다. 그는 여성 호르몬제를 투여하는 이른바 '호르몬 조치'를 먼저 고민하고 있었다. 조만간 정신과도 방문할 예정이라며 정신과에서 F64.0로 불리는 성전환증 진단을 받으면 호르몬제를 맞을 수 있다고 했다. 현행법상 성전환수술이 아니라 호르몬제만 맞아도 군 면제는 가능하다. A씨는 호

적상 성별 정정과 수술도 고민하고 있다고 덧붙였다.

대학 입학을 앞두고도 A씨는 여러 생각이 든다고 했다. 그는 오리엔테이션을 가면 남자 숙소를 써야 할지 여자 숙소를 써야 할지 고민했다. 어떤 화장실을 써야 할지도 고민이라고. A씨는 "입학하고 여자 화장실을 사용할지, 남자 화장실을 사용할지 모르겠어요. 제가 법적으로 남성인 걸 아는 동기가 있다면 남자 화장실을 써야 하고, 아니라면 여자 화장실을 써야겠다고 생각하고 있어요"라고 말했다.

대학 생활엔 기대보다는 걱정이 많다고 했다. 그는 고등학교 때와 같은 상황이 반복될까 두려워했다. 교복을 입고 지나가면 "쟤는 왜 저렇게 사냐"라며 수군거리는 소리를 자주 들었다. 수능 시험장에서는 "저 사람이 남자인지 여자인지 내기하자"란 이야기까지 들었다. 그런 이유로 학교를 자퇴한 트랜스젠더도 적지 않다고 한다.

조금 민감한 질문도 던져보았다. 트랜스젠더의 여대 입학을 반대하는 의견 가운데에는 '트랜스젠더와 화장실을 같이 쓰는 게 무섭다'는 의견도 있다. 이런 의견에 대해 A씨는 어떤 생각을 가지고 있는지 궁금했다. 그러자 그는 "여성이 느끼는 공포는 당연해요. 강남역 살인사건처럼 여성에 대한 폭력이 일상인 상황에서 어떻게 여성이 안심할 수 있겠어요? (그들의) 공포를 무시해선 안 되죠"라고 운을 떼었다. 그러면서도 트랜스젠더의 입학을 반대하는 이들의 요구를 모두 받아들일 순 없다고 했다. 트랜스젠더를 내쫓기만 하는 게 최선의 대안인지 물으며, 상식적인 대화를 해야 하는데 이익집단으로 갈라져 자기주장만 하고 있다고 안타까움을 표했다.

트랜스젠더 여성의 여대 입학을 반대하는 사람들 가운데 일부는 해외에선 트랜스젠더 여성이 다른 여성을 성폭행하는 등 범죄도 빈번하게 발생하기 때문이라고 주장한다. A씨는 그 사건이 사실인지 아닌지를 떠나 어느 집단이든 범죄자는 있기 마련이라고 했다. 이어 "한국에선 범죄를 저지르면 법적 성별 정정이 어렵잖아요. 지엽적인 해외 사례를 한국에 적용하는 건 맞지 않아요"라고 선을 그었다.

'트랜스젠더의 여대 입학이 여성들의 기회를 빼앗는다'는 주장도 있다. A씨는 트랜스젠더가 기회를 빼앗긴 순간이 오히려 너무 많다고 했다. 학교, 학원, 가정에서 평범한 삶을 살지 못하고 투쟁하고 있는데, 누가 누구의 기회를 빼앗는 것인지 다시 생각해야 한다고 말했다.

트랜스젠더 중에서도 남성에서 여성으로 성별을 바꾼 '트랜스 여성'을 여성으로 볼 수 없다고 주장하는 이들도 있다. 이른바 트랜스 배제적 래디컬 페미니스트Trans Exclusive Radical Feminist, '터프TERF'다. '트랜스 여성이 사회가 만든 여성성을 답습하고 코르셋을 강화한다'는 이유에서다. 이 의견에 대해 A씨는 "여성성이 무엇인지 명확히 말하긴 어렵지만, 오히려 트랜스젠더는 '여성 무리에 끼려면 여성적 표현을 하라'고 강요받기도 해요"라고 말했다. 게다가 "트랜스젠더 여성의 비율은 전체 여성의 0.3퍼센트밖에 안 되는데 우리가 여성성을 강화하겠어요? '그냥 화장하고 머리 기르면 여자인 거냐'는 질문도 받는데, 이런 질문의 밑바탕엔 트랜스젠더의 진정성을 의심하고 이상하게 보는 의식이 깔려 있어요"라며 다소 불쾌하다는 듯한 반응을 보였다.

이런 논란에도 불구하고 A씨는 트랜스젠더가 사회적인 관심을 받는 것만으로도 다행이라고 했다. 그는 "숙대 합격생에게 '가만히 있으면 되지, 왜 괜히 시끄럽게 하느냐'고 말하는 사람도 있어요. 하지만 전 그의 용기 덕에 살아갈 희망을 얻었어요"라고 말했다. 그는 트랜스젠더에 대한 논의의 저변이 넓어진 것만으로 만족했다. 트랜스젠더를 유흥업소에서 일하거나 어렵게 살고 자살을 하는 등 부정적인 존재로만 여겼지만, 이번 일을 계기로 트랜스젠더에 대한 논의가 생존권에서 시민권으로 넘어갔다고 했다. 과거의 트랜스젠더들은 '우리를 그냥 살게 해달라'고 했지만, 이제는 '우리도 공부하고 싶다' '우리도 일하고 싶다'라고 이야기할 수 있게 되었다고 했다.

대학 입학을 앞둔 A씨에게 장래희망을 묻자, 그는 이렇게 말했다. "사회복지사가 되는 게 꿈이에요. 혼란스러운 청소년기를 보낸 만큼 청소년 트랜스젠더들에게 도움이 되고 싶어요. 그들은 대학은커녕 펜을 잡지도 못하는 경우가 많아요. 교사, 부모 등이 트랜스젠더를 배제하기도 하는데 아이들 곁에 있어줄 어른이 되고 싶어요."

그와 대화를 나누며 평소 내가 그들의 삶을 아예 모르고 있었다는 것을 알았다. 이런 대화를 나눌 기회가 많지 않았기 때문이다. 사실 A씨와의 대화가 트랜스젠더와의 처음이자 마지막 대화였다. 이후 트랜스젠더를 자연스럽게 만날 일은 없었다. 자신의 목소리를 내는 트랜스젠더가 많아질수록, 앞으로 대학가에서 혹은 주변에서 트랜스젠더와 만나 이야기를 나누고 이해의 폭을 넓혀갈 기회가 점점 더 많아지리라 생각한다.

n번방 피해자 '지옥 시작됐다'

"혼자 힘들어하지 마세요"

2020년 초 대한민국을 떠들썩하게 한 사건이 있었다. 이른바 'n번방' 사건이다. 이 사건은 '텔레그램 성착취 사건'이라고도 불리는데, 텔레그램에 개설된 단체 채팅방을 통해 불법 음란물을 생성하고 거래 및 유포한 사건이다. 특히 피해자 중에는 미성년자도 다수 포함되어 있었다. 이 피해자들은 '노예'라고 불리며 불법 음란물 촬영을 강요받았다.

　도대체 무슨 일이 벌어진 걸까? 실제 피해자의 목소리만큼 사건의 실체를 정확히 보여주는 건 없을 것이다. 어렵게 피해자를 수소문해 익명 보장을 약속하고 만날 수 있었다. 그에게는 분명 다시 떠올리고 싶지 않은 기억이기에 피해 사실을 이야기해달라고 요구하는 것조차 죄책감이 들었다.

피해자 A씨는 n번방에 대한 사실을 모두에게 알려 다시는 자신 같은 피해자가 나오지 않았으면 한다고 말했다. n번방과 유사한 채팅방도 모두 다 밝혀지길 바라는 마음에 용기를 내 인터뷰에 응했다고 무겁게 입을 열었다. "어차피 그놈이 제 얼굴, 집 주소 다 알고 있잖아요. 감옥에 간다고 해도 금방 나올 텐데 저한테 복수할까 봐…… 그게 아직도 무서워요."

'텔레그램 성착취 사건'의 피해자 A씨는 여전히 두려움에 사로잡혀 있었다. 조주빈 등 n번방 사건의 범인들은 검거되었지만, 미성년자인 A씨는 여태 피해 사실을 가족은 물론 친구에게조차 말하지 못하고 있었다.

A씨는 n번방과 관련된 기사를 보고서야 자신이 당한 피해가 소위 'n번방 사건'이라는 걸 알게 되었다. "n번방이 뭔가 싶어서 검색을 해보니, 기사 첫 줄에 '텔레그램'이라고 쓰여 있는 걸 봤어요. 그 순간 '내가 당한 게 이거구나' 싶었죠."

A씨가 가해자를 알게 된 건 한 모바일 채팅앱을 통해서였다. "누군가 월 400만 원을 줄테니 '스폰 알바'를 해보지 않겠냐고 말을 걸어왔어요. 어떤 아르바이트인지 묻자, 오프라인 만남은 하지 않고 그저 메신저로 대화하는

것처럼 이야기만 하면 되고, 자신이 원하는 영상과 사진을 가끔 보내주면 된다고 안심시켰어요."

그는 A씨에게 텔레그램 앱으로 오면 자세히 설명하겠다며 본인의 아이디를 건넸다. 텔레그램에 접속하자 가해자는 '돈을 보낼테니 이름과 계좌번호를 알려달라'고 했다. 다음엔 '선물을 보내줄 테니 집 주소를 알려달라'는 요구가 이어졌다. 이는 A씨를 협박하기 위한 개인정보를 빼내기 위해서였다. 반신반의하던 A씨도 결제명세서, 배송확인서까지 제시하는 가해자의 치밀한 수법에 속고 말았다. 물론 가해자는 실제로 돈이나 선물을 보내지 않았다. 협박과 위협에 떨면서도 주변에 도움조차 요청할 수 없는 '텔레그램 지옥'은 이렇게 시작되었다.

처음에 가해자는 얼굴이 나오지 않은 영상을 요구했고, 다음엔 얼굴이 나온 영상을 요구했다. 시간이 갈수록 요구는 점점 심해졌다. '교복을 입은 영상을 찍어라' '학교 화장실에서 찍어 보내라'는 식이었다.

A씨는 꼼짝할 수 없었다. 그 사람이 자신의 모든 정보를 가지고 있으니 거절하기 어려웠다. 그래서 시키는 대로 할 수밖에 없었다. 당시엔 '지금 거절하면 내 영상과 개인정보를 유포할 것 같으니, 조금만 더 시키는 대로 하

고 그만하겠다고 말하자'고 생각해 계속 영상을 보냈다고 한다. 이후 가해자는 차마 글로 옮기기 힘든 가학적인 지시를 지속했다. 영상을 보고 마음에 들지 않으면, 여러 번이고 다시 찍어 보내라고 했다. A씨가 거절 의사를 밝히자, 가해자는 A씨가 보냈던 영상을 유포하겠다고 협박했다. "너에 대한 모든 정보를 가지고 있으니 기어오르지 마라. 내 말만 따르라"고 했다.

보름 동안 가해자에게 보낸 영상만 80개에 이른다. 겁먹은 A씨는 학교 수업 시간에도 휴대전화를 제출하지 않고 몰래 가지고 있었다. 가해자가 언제 연락할지 몰랐고, 답장을 하지 않으면 어떤 보복을 당할지 몰라 두려웠기 때문이다.

그러던 어느 날, 가해자가 사라졌다. 가해자는 마지막으로 "이제 모을 거 다 모았네. 영상 유포할게"라는 말을 남겼다. 놀란 A씨는 "정말 죄송하다. 시키는 대로 다 할 테니 유포만은 하지 말아달라"고 빌었지만, 가해자는 아무 대답 없이 텔레그램 방을 나가버렸다.

수개월간 두려움에 떨던 A씨는 경찰에 신고하지 못했다. 부모에게도 차마 말할 수 없었다. 그는 "당시엔 '이제나 어떡하지'라는 생각뿐이었어요. 친구 한 명이라도 이

걸 본다면 소문이 쫙 퍼질 것 같아 너무 무서웠어요"라고
했다. 죄책감에도 시달렸다고. 자신이 영상을 보낸 건 맞
으니 '내가 정말 피해자일까' '내가 잘못해서 시작된 일이
아닌가' 하는 생각이 들어 괴로웠다고 털어놓았다.

학교에 상담센터가 있지만 찾아가지 못했다. A씨는 학
교 상담센터에선 성 관련 상담을 하면 부모님께 바로 알
린다고 알고 있어 익명으로 이용하는 '고민 상담 앱'에만
간간이 피해 사실을 털어놨다고 했다. 부모님께도 말씀을
드릴 수 없었다. n번방 관련 뉴스를 보던 엄마가 "내 딸이
피해자가 아니라서 너무 감사하다"라고 말하는 걸 들으
니 차마 입이 떨어지지 않았다. n번방 사건 관련 기사에
으레 붙는 피해자들에 대한 비난 댓글도 A씨를 괴롭혔다.
성폭력 사건에 자주 발생하는 '2차 가해'다.

A씨는 "n번방 기사에 달린 댓글은 최대한 안 보려고
하지만, '너희들이 먼저 찍어 보냈으면서 왜 가해자 탓을
하냐' '가해자가 떡밥을 푼 것이고, 그 미끼를 문 게 잘못
아니냐'는 댓글은 잊히지가 않아요"라고 털어놓았다.

그는 가해자들에 대한 엄중한 처벌을 원했다. "우리나
라는 피해자가 아니라 가해자의 인권을 더 신경 쓰는 것
같아요. '범죄자도 인권이 있고, 미래가 있다'고 주장하는

사람들이 있는데 제 인권과 미래를 짓밟은 건 가해자 아닌가요? 솔직히 사형시키면 좋겠지만, 안 된다면 감옥에라도 평생 있으면 좋겠어요. 어차피 몇 년 살다 나올 텐데, 제 정보를 다 가지고 있으니 복수를 하러 올까봐 겁이 나요"라고 덧붙였다.

A씨는 미성년자들이 유사 범죄의 피해자가 될 위험성은 여전하다고 했다. 그는 온라인 게임에서도 미성년자에게 '기프티콘 줄 테니 벗은 사진을 보내 달라'고 요구하는 걸 봤다고 했다. 심지어 몇몇 언론사 홈페이지에 조건만남으로 악용될 수 있는 어플리케이션 광고가 떠 있기도 하다고.

그는 자신과 유사한 피해를 겪은 여성들에게 하고 싶은 말이 있다고 했다. 자신 역시 가끔 자신의 탓을 하기도 하지만, 이런 일이 벌어진 건 분명 가해자들 때문이니, 다른 피해자들도 혼자 힘들어하지 않았으면 좋겠다는 말이었다.

이야기를 마친 뒤 A씨에게 무료로 법률상담을 받을 수 있는 곳을 소개해주었다. 그 순간에도 A씨는 자신이 미성년자라서 뭘 하든 부모의 동의가 필요한 건 아닌지 불안해했다. A씨의 심정도 충분히 이해가 갔다.

그를 만나고 돌아오는 길, 가해자들의 처벌뿐 아니라 피해자들을 위한 지원이 무엇보다 절실하다는 생각이 들었다. 학교 상담센터는커녕 친한 친구에게조차 피해 사실을 알리지 못하는 또 다른 A씨들이 분명 있을 것이다. 그들에게 다시 한번 A씨의 말을 전하고 싶다. 혼자 힘들어하지 말고, 도움을 요청하라고.

n번방에 분노한 20대

솜방망이 처벌에 분노한다

1. 피고인 A는 미성년자 네 명에게 총 168개에 이르는 음란물을 찍도록 했다. 아동·청소년을 상대로 한 성 매수도 두 차례 저질렀다. 공범에게 청소년이 등장하는 음란물을 제작하도록 의뢰했고, 공범은 13세 피해자를 협박해 동영상 두 개를 촬영했다. 검거 당시 A씨가 소지했던 아동·청소년 음란물은 1만 7,900여 개였다.

2. 피고인 B는 2017년 아동·청소년 음란물을 제공하는 사이트에 0.7비트코인을 송금해 음란물을 다운받았다. B는 아동·청소년 음란물을 총 87회 다운로드하고 이를 보관했다.

디지털 성범죄 사건의 판결문 내용 중 일부다. 피고인 A와 B는 법원으로부터 어떤 벌을 받았을까? A는 징역 3년을 선고받았다. 성폭력 치료 프로그램 이수 40시간을 명령받았고, 아동·청소년 관련 기관과 장애인 복지 시설에 5년간 취업이 제한되었다. B에 대해 법원은 벌금 200만 원을 선고했다.

법원이 결정한 형량이 적절할까? 성범죄자들의 형량이 공개될 때마다 '솜방망이 처벌' 논란이 일곤 한다. n번방 사건이 알려졌을 때 역시 디지털 성범죄의 양형 기준에 대한 논란이 다시 불거졌다. 디지털 성범죄에 대한 양형 기준이 아예 없었기 때문에, 어떤 처벌이 온당한지 논란이 될 수밖에 없었다. 이전 세대보다 성인지 감수성이 높은 밀레니얼은 또다시 솜방망이 처벌이 내려지진 않을까 우려했고, 디지털 성범죄자들에게 가중처벌을 요구하는 시위를 열기도 했다.

실제 공동소송플랫폼 '화난사람들'(대표 최초롱 변호사)은 디지털 성범죄 양형 기준에 대해 국민의 의견을 모았다. 약 두 달 동안 국민 2만 180명이 디지털 성범죄 처벌 기준에 대한 의견을 냈고, 이 중 78퍼센트가 20대였다. 이런 문제에 대해 20대들이 가장 관심을 많이 기울이고 있다는 의미였다.

그렇다면 판사가 아닌 20대들은 어떤 판결을 내렸을까. 실제 20대 남녀 100명에게 '박사' 조주빈과 n번방 관전자들에게 어떤 처벌이 적절한지 이메일 등을 통해 물어보았다. 그러자 응답자 대다수는 디지털 성범죄에 대한 엄중한 처벌을 요구했다. 20대 100명의 응답을 집계하니 조주빈에 대한 적절한 처벌로 무기징역(38퍼센트)을 꼽은 이들이 가장 많았다. 이어 사형(30퍼센트), '10년 이상'의 징역형(28퍼센트) 순이었다. '1년 이상 10년 미만'으로 답한 20대는 4퍼센트에 그쳤다. 20대들은 n번방 관전자들에 대해서도 강력한 처벌을 원했다. 관전자들의 형량에 대한 응답은 무기징역(35퍼센트), 10년 이상의 징역형(30퍼센트), 사형(20퍼센트), 1년 이상 10년 미만 징역형(15퍼센트) 순으로 나타났다.

응답자들은 '법 조항에 대한 지식이 많지 않아 감정적인 답변이 나올 수밖에 없다'거나 '형법을 잘 몰라 현실적인 답변인지 모르겠다'는 단서를 달긴 했지만, 스스로 밝힌 처벌 기준과 이유를 빼곡히 적었다.

'무기징역'이라고 답한 한 설문 참여자는 범죄자는 교화 가능하다고 생각했지만, 이번 사건을 보며 교화가 불가능하다는 의견에 가까워졌다고 했다. 미래 세대를 위해서라도 이들을 사회와 영원히 격리해야 한다고 답했다. '사형'이 적절하다고 답한 다른 응답자는 자신이 낸 세금으로 그들이 교도소에서 밥 먹고 옷 입는 게 싫다고 했다.

응답자들은 강도 높은 처벌을 해야 경각심이 높아질 거라고 믿었다. '사형'을 선택한 한 응답자는 이 정도는 해야 한국 남성들이 당분간이라도 조심할 것이고, 그 조심스러움이 변화의 시작이라고 주장했다. 몇몇은 '물리적 거세를 해야 한다' '자료 업로드로 얻은 금전적 이득을 모두 몰수해야 한다'고도 했다.

경계의 목소리도 나왔다. 한 응답자는 '국민에게 처벌 기준을 묻는 건 포퓰리즘'이라고 응답했다. '처벌의 강도'보다 '처벌의 확실성'이 더 중요하며, 디지털 성범죄를 저지르면 '무조건 인생 망한다'는 인식이 퍼져 있어야 재범을 방지할 수 있다는 의견도 있었다.

n번방 사건을 바라보는 시선은 남성과 여성이 조금 달랐다. 설문에 참여한 여성 중에는 n번방 사건이 사회·문화적인 문제들과 관련 깊다는 지적을 하는 응답자가 많았다. 한 응답자는 n번방이 어릴 적 '아이스케키'처럼 잘못된 방식으로 여자애한테 관심을 표현해도 아무도 제지하지 않는 문화, 여성에 대한 폭력이 깔린 포르노를 쉽게 접할 수 있는 사회가 만들어낸 결과라고 지적했다.

다른 응답자는 디지털 성범죄로 유포되는 촬영물을 야

동으로 소비하고, 여성을 대상화한 야동을 '호기심에 볼 수 있다'고 생각하는 사회 분위기 때문에 이런 범죄가 벌어진다는 해석을 내놓았다. '내 주변 남자들이 n번방 참여자가 아니라서 괜찮은 문제가 아니다. 우리 사회에 여전히 여성 혐오와 강간문화가 만연해 있다는 점을 간과해선 안 된다'는 목소리도 있었다.

남성 응답자들의 생각은 갈렸다. 한 남성 참여자는 "이 사태에 '젠더 프레임'을 씌우려는 사람들이 있어 이건 아니다 싶어요"라고 선을 그었다. 남성 전체를 잠재적 범죄자나 공범으로 보는 듯한 시선엔 동의할 수 없다는 것이다.

반면 한 남성 응답자는 실제로 많은 남성이 여성을 성적 대상으로 여기고 품평하는 것을 자주 본다고 했다. 이러한 인식이 사라지기 전까지는 성범죄가 완전히 사라지기 쉽지 않을 것이라고 지적했다.

또 다른 남성 응답자는 '한국 남성을 문제 삼는 분위기에 굉장히 위축되고 어지러운 심정'이라고 불편한 마음을 감추지 않으면서도, 남성으로서 여성들이 안전한 삶을 누릴 수 있는 사회 분위기를 만드는 데 자신 역시 어느 정도 책임이 있다고 했다.

'화난사람들'에서 모은 국민 의견을 살펴보면, 응답자

들은 범죄의 죄질이 나쁠 경우, 피해자가 미성년자·장애인 등 범행에 취약한 계층일 경우, 영상의 유포 규모가 클 경우 등은 가중처벌해야 한다고 답했다. 전체 응답자 2만 180명 중 43.6퍼센트는 '어떤 사유든 디지털 성범죄자의 형을 감경해선 안 된다'고 했다.

n번방 사건이 벌어졌을 때만 해도 디지털 성범죄를 처벌할 양형 기준이 없었기 때문에 20대의 높은 관심에도 불구하고 '법이 시대를 따라오지 못한다'는 지적이 이어졌다.

n번방 사건이 사회에 알려진 이후 사회엔 크고 작은 변화가 있었다. 2020년 12월, 대법원 양형위원회는 아동·청소년 성착취물 제작 범죄에 최대 징역 29년 3개월 형을 선고 가능하도록 했다. 불법 촬영 및 유포 등 디지털 성범죄 가중처벌에 관한 양형 기준도 마련했다.

n번방 주요 가해자들에 대한 재판은 마무리되었다. 2021년 10월, '박사' 조주빈은 성착취물 제작·유포 등의 혐의로 대법원에서 42년형을 받았다. 그다음 달 공범인 '부따' 강훈은 징역 15년형을 확정받았다. 이 형량이 우리 사회에 던지는 메시지는 무엇일까?

설문에 참여한 한 20대의 답변 중 기억에 남는 한마디가 있어, 그 말로 이 글을 마무리한다. "재판부가 어떤 결정을 하는지에 따라 앞으로 디지털 성범죄의 발생률 증감이 달라지지 않을까요?"

밀레니얼 엄마들이 살아가는 법

페미니스트도 결혼을 하나요?

'페미니스트'란 단어를 보면 가장 먼저 어떤 생각이 들까? 짧은 머리를 한 20대 비혼 여성이 제일 먼저 연상될 수도 있다. 2015년부터 시작된 '페미니즘 리부트'를 주도한 일부 20대 여성들의 실제 모습이 그러하긴 하다. 특히 10년 전만 하더라도 당연시했던 결혼은 이제 더이상 자연스러운 통과의례가 아니다. 결혼을 하지 않겠다고 당당히 말하는 친구도 많고, 이들을 이상하게 보는 사람도 없다. 하지만 궁금했다. 결혼을 하고 아이를 낳아 엄마가 된 밀레니얼들은 페미니즘에 대해 어떤 생각을 할까? 이런 궁금증이 꼬리에 꼬리를 물었다.

생각을 하면 할수록 머리만 아팠다. 그래서 결혼을 한 밀레니얼 세대 엄마들을 만나 그들의 생각을 들어보기로 했다. 결혼한 여성들이 함께 모여 페미니즘에 대해 연구하고 토론하는 모임을 찾기는 어렵지 않았다. 바로 엄마 페미니즘 탐구모임인 '부너미'였다. '부너미'란 이름은 아궁이에서 발생한 열기가 방으로 넘어가는 통로인 '부넘이('부넘기'가 표준어지만, 지역별로 조금씩 다르게 부른다)'에서 따왔다. 방을 따뜻하게 만드는 부넘이처럼 페미니즘을 통해 가정 안의 공기를 바꾸자는 의지를 담은 이름이다.

"저도 처음엔 페미니스트가 이상한 사람인 줄 알았어요." 부너미를 만든 계기를 묻자, 이 모임을 만든 이성경 씨는 이렇게 답했다. 약 3년 전만 하더라도 이씨 역시 페미니즘에 관심이 없었다고. 그러던 이씨는 《82년생 김지영》을 읽고 주인공이 자신을 닮았다고 생각했다. 남편과 한 직장에서 만나 바로 옆자리에서 일했고 결혼과 출산 후 일을 그만두었기 때문이다.

책을 읽은 뒤 이씨는 돌봄 노동에 전념하고 있는데, 돈을 벌지 않는다는 이유만으로 '외벌이 가정'으로 불리는 게 싫다고 남편에게 털어놓았다고 한다. 그러자 남편이 "당신이 페미니스트야, 뭐야?"라고 물었다. 남편의 물음에 이씨는 페미니즘이 도대체 뭔지 제대로 알아봐야겠다는 생각이 들었다고. 이후 《빨래하는 페미니즘》 등 페미니즘 관련 책을 찾아 읽었고, 비슷한 고민을 나누고자 2019년 12월 부너미를 만들었다.

처음엔 '페미니즘은 이혼 사유' '페미니스트 남편은 극한직업'이라는 이야기를 듣기도 했지만, 부너미 회원들은 멈추지 않았다. 여성과 엄마로서 겪는 고민을 글로 엮어 《페미니스트도 결혼하나요?》란 책을 출간했다.

엄마들은 왜 '부너미'에 모였을까. 출산 70일 뒤 합류한 이예송 씨는 육아를 하면서 다른 엄마들은 잘하는데 왜 나만 힘들까라는 물음이 들었다며, 부너미에서 함께 문제의식을 공유하니 나만의 문제가 아니라 결혼한 여성 모두 느끼는 불평등이란 걸 깨달았다고 말했다. 이날 기자가 만난 회원들은 그들의 지향을 '주변을 바꾸는 페미니즘'으로 정의했다. 예를 들어 '남편이 집안일을 돕는다'라는 표현, 할머니와 외할머니를 나눠 부르는 관습을 바꾸고 싶다고 했다. 한 회원은 명절에 어느 집에 먼저 갈 것인지도 중요한 문제라며 "'이번에는 친정 먼저 다녀오려고 해요'라고 시어머니께 자연스럽게 양해를 구하고 변화를 만들고 있어요"라고 말했다. 은주 씨는 "아이에게 요리하는 아빠, 일하는 엄마 모습을 자연스럽게 보여주려고 해요. 그런 모습을 자연스러운 일상으로 만들고 싶어요"라고 했다. 참고로 부너미 회원들은 서로 나이를 밝히지 않았다. 나이에 따라 서열이 생기는 것을 막기 위해서다.

일부에선 페미니즘 운동의 일환으로 비혼을 주장하기도 한다. 기혼인 부녀미 회원들은 이를 어떻게 받아들일까? 은주 씨는 "페미니즘의 스펙트럼이 넓어져야 공고한 가부장제를 고칠 수 있다고 믿어요. 우리를 이해해달라고 말하고 싶진 않지만, 비혼 페미니스트들과 우리가 서로 적은 아니니까요"라고 말했다.

"비혼을 주장하는 활동도 지지하고 응원해요. 기혼 여성이 '가부장제의 부역자'라는 말도 틀리지 않아요"라면서도 그들의 주적은 생각이 다른 여성이 아니라, 가부장제 사회라고 했다. 그들은 과거 '된장녀' 같은 여성혐오 발언이 처음 나왔을 때 안일하게 대처한 측면이 있음을 인정하며 당시 적극적으로 저항하지 못하고, 침묵했던 자신들은 페미니즘 운동에 많은 빚을 지고 있다고도 했다.

엄마들에게 페미니즘은 어떤 의미일까? 이성경 씨는 페미니즘을 빨래건조기에 비유하며, 빨래건조기를 쓰면 삶의 질이 달라지는 경험을 하듯 페미니즘은 여성의 삶을 자유롭고 편리하게 만들어준다고 설명했다.

그렇다면, 페미니즘을 공부하는 기혼 남성들의 이야기도 들어봐야겠다. 결혼한 남성들은 페미니즘에 대해 어떤 생각을 할까?

"설거지하는 것만으로도 칭송받는 경험을 하고 '남자가 살기 편한 세상이구나' 싶었어요." 페미니즘 독서 모임을 이끄는 50대 중반 남성 신호식 씨는 말했다. 50대인 신씨와 이정근 씨, 박창수 씨. 이들은 현재 파주여성민우회의 독서 소모임 활동을 하는 중년 남성들이다. 2016년부터 모임에 참여했는데 계기는 각자 달랐다. 대학 재학 당시 소위 '운동권'이었던 신호식 씨는 학생운동을 함께한 여학생들을 통해 페미니즘에 대해 처음 들었다. 그는 "당시엔 페미니스트들이 날 배척하는 것 같아 거부감이 들었지만, 그때 제대로 공부하지 못했다는 부채의식도 남았어요. 여유가 생긴 지금 다시 공부해보고 싶었습니다"라고 밝혔다.

박창수 씨는 직장에서 겪은 일을 소개했다. '여성의 날' 어느 남자 직원이 남성의 날도 있었으면 좋겠다고 하자, 한 여직원이 "어차피 여성의 날 빼고 모두 남성의 날 아닌가요?"라고 되물었다고. 박씨는 그때 깨달음을 얻어 페미니즘을 알아야겠다고 결심했다고 한다.

신호식 씨는 "딸은 여전히 나를 '가부장 쩌는 아빠'라고 생각해요. 무의식적으로 가부장적인 행동을 일삼는 만큼 항상 공부해 내 안에 있는 '가부장성'을 돌아보려 합니다"라고도 했다.

지난해 이들은 '페미니즘 고전 깨기'를 주제로 책을 읽었다. 메리 울스턴크래프트의 《여권의 옹호》, 마리아로사 달라 코스타의 《여성과 공동체의 전복》 등이다. 모임 이름은 '남성 페미니스트'지만 여성의 의견도 들어야 한다는 생각에 여성 회원들과 함께 독서 모임을 진행하고 있다.

일상에도 변화가 생겼다. 박창수 씨는 설날 집안에서 어른 격인 자신이 설거지를 하자, 더 어린 조카사위들이 자연스럽게 따라하기 시작했다고 했다. 집에서 요리는 주로 자신이 한다는 이정근 씨는 '지배와 굴종'으로 이뤄진 군대 문화가 당연한 건 줄 알았는데, 페미니즘을 공부해보니 거기에 문제점이 있다는 걸 깨달았고 심리적 해방감을 느꼈다고 했다.

중년 남성이 생각하는 페미니즘은 무엇일까? 박씨는 "여성들이 겪는 고통, 고충을 그대로 겪을 수 없는 내가 스스로 페미니스트라고 말하기 어려워요"라고 인정했다. 그래도 알고 이해하려는 시도 자체가 의미가 있다고. 페미니즘이란, 여성들의 억눌린 현실에 공감하고 같이 해결 방법을 고민해나가는 과정이라고 믿기 때문이다.

페미니즘을 둘러싼 20대의 남녀 갈등은 여전히 현재진

행형이다. 20대들의 갈등에 대해서 이들은 어떤 생각을 가지고 있는지 물었다. 신씨는 페미니즘이 없는 가부장적인 시스템에선 20대 남성의 삶도 고되고 피폐할 수밖에 없다고 말했다. 그러면서 이런 말을 덧붙였다. "20대들에게 여전히 페미니즘이 낯선 사회를 물려줘 미안합니다. 그래도 우리가 어떤 말과 행동을 하는지에 따라 앞으로 대한민국의 문화가 바뀔 수 있지 않을까요?"

페미니즘을 공부하는 밀레니얼 엄마들 그리고 페미니즘을 공부하는 50대 아빠들에겐 공통점이 있었다. 이들은 결코 '맞다' '틀리다' 등의 단정적인 언어를 사용하지 않았다. 자신 주변의 모습을 돌아보고, 본인의 위치에서 할 수 있는 행동을 할 뿐이었다. 이렇게 행동하는 사람들이 있기에 우리 사회가 조금 더 나아가고 있다.

나는
누구와
살아야
할까

Part. 4

중매에 나선 지자체

30대 30 초대형 소개팅에서 생긴 일

한 친구가 "이것 좀 봐바"라면서 보여준 사진에는 '청춘 남녀, 한여름 밤의 꿈'이라는 글귀가 적힌 안내문이 찍혀 있었다. 친구는 지방 공기업에 다니고 있는데, 회사에서 청춘들의 정착을 돕기 위해 지자체와 연계하여 직접 소개팅을 주선한다고 했다.

그 사진을 보며 친구와 한참을 웃었다. 비혼과 탈연애가 대세인데 이게 무슨 시대 역행하는 이야기일까, 싶었다. 그런데 이런 '대규모 소개팅'을 여는 건 친구 회사만의 일이 아니었다. 이미 전국 각 지자체들이 나서 청춘 남녀들의 만남을 '주선'하고 있었다. 대체 지자체가 소개팅을 주선하면 어떤 느낌일까? 결혼업체에서 하듯이 서로 이상형을 적어내고 자산을 공유하고 그러려나? 이런 소개팅에 참여하는 20대들은 어떤 사람들일까? 쓸데없는 궁금증이 꼬리를 물었다. 그래서 행사 주최 측에 취재 협

조를 구한 뒤 무작정 경주로 향했다.

"이 자리에서 애를 낳아줄 여자를 찾으면 큰일 납니다. 여러분의 관계는 우리가 어떻게 해볼 테니까 유지하는 건 여러분의 역량인 거 아시죠?"

긴장한 빛이 역력한 60명 사이에는 정적만 흘렀다. 이런 정적을 깨는 사회자의 목소리가 들려왔다. 2019년 12월 7일 경북 경주시 황룡원에서 열린 '30 대 30 미혼남녀 소개팅'은 경주시청이 마련한 행사였다. 경주·포항·울산 총 세 지역에서 남녀 각 30명을 모집하였다.

통계청이 발표한 2020년 합계 출산율은 0.84명. 출산율이 떨어지고 초혼 연령이 높아지자 지자체들이 발 벗고 미혼남녀 소개팅에 나선 것이다. 2019년 경주시 외 다른 지자체에서도 대규모 미혼남녀 소개팅이 있었다. 청주시의 '두근두근 프러포즈 in 청주' 성주군과 대구시 달서구의 '쿵남쿵녀펀fun 데이트' 제천시 '두근두근 시그널' 홍천군 '썸앤썸청춘행복캠프' 등이다.

이날 행사에 실제로 참석한 참가자는 남성 30명, 여성 27명, 총 57명이었다. 'ㅇ번 아무개'라고 적힌 이름표를 가슴에 붙이고 그들은 원탁 테이블에 모여 앉았다. 경직된 분위기였지만, 참가자들은 마음에 드는 상대에게 명함 대신 줄 '매칭카드'의 갯수를 세어보는 등 적극적인 모습도 보였다. 어떤 참가자는 참가자들의 직장명이 적혀 있는 명단을 분주하게 확인하기도 했다. 명단 뒷장엔 커플이 되고 싶은 희망상대를 '1지망'부터 '3지망'까지 적을 수 있는 칸도 있었다.

지자체 홈페이지에 올라온 참가신청서엔 필수 자격이 있다. 경주, 포항, 울산에 주소나 직장을 둔 27~39세 직장인 미혼남녀만 참가 가능했다. 이를 증명하기 위해 재직증명서와 혼인관계증명서 등을 첨부해야 했다.

이들의 평균 연령은 남성이 34.2세, 여성은 31.6세로, 남성 신청자는 이틀 만에 찼다고 했다. 경주시청 관계자의 말에 따르면, 여성의 경우 보수적인 지역 분위기 때문에 미팅에 참석하는 게 결혼 못 한 여자라고 광고하는 게 아닌가 망설이는 경우도 많다고 했다. '1 대 1 매칭'이 원칙인 만큼 미혼인 나에게 여성 '대타'를 제안하기도 했지만, 거절하였다.

1교시는 오리엔테이션 겸 결혼 특강. 진행자는 매너 있는 만남과 적극적인 참여를 권하며 행사의 유의사항을 설명했다. 진행자는 실제로 불성실하게 참여하는 참석자들로 인해 모 지역에서는 이 프로그램이 없어지기도 했다며 지원정책에 대한 참석자들의 권리를 충분히 누리기를 당부했다. 지자체에서 지원하는 정책이니만큼 대충대충이 아니라 성실하게 참여해달라는 당부였다. 과도한 애프터 신청은 상대방에게 부담이 될 수도 있으니 자제해달라는 말도 덧붙였다.

〈1교시〉 자기소개 시간

참가자들은 본격적인 소개팅에 앞서 본인을 소개하는 시간을 가졌다. 남성과 여성 참가자의 얼굴을 사진으로 확인하는 시간이다. 스노보드를 타는 사진, 눈에 잔뜩 힘을 주고 찍은 셀카 사진, 사무실에 앉아 진지하게 일하는 사진 등 각자 이성에게 어필할 수 있는 사진을 가지고 나왔다.

〈2교시〉 공통분모 만들기

"나는 결혼해서 반려동물을 키우고 싶다, 아니다 못키운다. 하나둘셋 하면 말하는 겁니다!" 단체 소개팅은 57명이 각자 모두 한 번씩 이야기할 기회를 만들어야 하는 게 핵심이다. 조를 편성해서 남성과 여성이 마주 보고 손을 잡는다. 진행자가 '결혼할 때 자산관리는 따로 했으면 좋겠다, 같이 했으면 좋겠다' '결혼해서 반려동물을 키우는 게 좋다, 싫다' 등의 주제를 던지고, 진행자의 '하나 둘셋' 구호에 맞춰 서로 생각하는 대답을 외친다. 그리고 주어진 5분간 각자의 생각을 이야기한다. 5분이 지나면 대화 파트너를 교체해야 한다. 이때 마음에 드는 상대가 있으면 매칭카드를 건네는 식이다. 행사장을 돌아보니 매칭카드를 서너 장 받은 사람도 있고 한 장도 받지 못한 사람도 있었다.

〈3교시〉 레크리에이션 시간

마지막 시간이 되자 열 명씩 한 조를 이루어 조별 미션 수행으로 게임을 하는가 하면 커플 스포츠 댄스를 배우는 시간도 마련되었다. 파트너를 바꾸면서 춤을 추는 '차차차 댄스' 덕에 어색한 분위기가 제법 풀리는 모습이었다. 적극적으로 먼저 손을 잡는 여성도 있었고, 열심히는 하지만 몸이 따라주지 않아 버벅대는 남성 참가자도 있었다.

〈4교시〉 커플 매칭

"종이 좀 더 주세요." 행사 막바지에 다다르자 여기저기에서 매칭카드를 더 달라는 요청이 끊이지 않았다. 매칭표에 원하는 이성의 이름을 1지망부터 3지망까지 적어 제출해야 하는 시간이 다가왔기 때문이다. 옆 사람이 볼까 부끄러운 듯 손으로 매칭카드를 가리는 참가자들도 있었다. 혹시나 이름을 틀리게 쓰지 않을까 한 참가자는 상대의 이름을 몇 번이고 확인하기도 했다.

이날 탄생한 커플은 총 열 쌍. 이번 소개팅에 참여한 익명의 한 남성 참가자는 "오늘 행사만족도는 10점 만점에 9점이에요"라며 자신이 커플이 되지 않아서 1점을 깎았다고 웃었다. 또 다른 익명의 여성 참가자는 친구 추천으로 행사에 참가했는데 한 명씩 이야기하는 시간이 짧아서 아쉬웠다고 하며 그래도 비슷한 또래의 친구들을 만나 재밌는 시간이었다고 말했다.

한편 전남, 대전 서구 등 일부 지자체는 공공기관 종사자들만을 대상으로 미혼남녀 만남 행사를 열기도 했다. 공공기관 지방 이전으로 타지에 온 젊은 직장인들의 안정적인 지역 정착을 위한 방편이다. 하지만 이런 행사에 관해선 관계자들도 조심스러운 입장이다. 한 지자체 관계자는 공공기관에 재직 중인 미혼남녀를 대상으로 한정해 행사를 연다는 것이 형평성에 어긋난다고 비판하는 사람들이 많아 비공개로 진행할 수밖에 없었다고 설명했다.

지자체가 나서서 미혼남녀의 만남을 주선하는 행사를 한다는 것에 대한 우려의 목소리도 있다. 정재훈 서울여자대학교 사회복지학과 교수는 청년들에게 혼인적령기라는 관념이 점점 사라지는 상황에서 이런 사업 아이디어는 기성세대의 사고방식에서 벗어나지 못한 것이라고 지적했다. 정 교수는 다른 무엇보다 지역의 인프라를 구축하여 지역을 살기 좋은 곳으로 만들어 대도시로 빠져나가는 청년들을 붙잡는 게 가장 먼저 해야 할 과제라고 당부했다.

또 미혼남녀 만남 행사가 전반적인 한국사회의 비혼, 만혼 흐름을 이해하지 못한 것이라는 지적도 나왔다. 임운택 계명대학교 사회학과 교수는 비혼, 비출산은 우리 사회의 미래 전망이 불투명하기 때문에 재생산을 안 하겠다는 의지를 반영한 것이므로 육아휴직 확대 등 결혼, 출산을 하고 싶은 환경을 만드는 정책이 필요하다고 조언했다.

직접 참여를 해보기 전엔 '은밀한' 출산 정책이 이런 식으로 작동하는구나, 싶어 기괴하다는 생각이 든 것도 사실이다. 하지만 커플이 되지 않아도 또래의 남녀가 삼삼

오오 모여서 이야기를 하며 나가는 모습을 보고 있자니 고개가 끄덕여졌다. 행사를 끝내고 떠나는 참가자들의 얼굴엔 웃음이 떠나지 않았다. 청년들이 서울로 떠나고 남은 텅 빈 도시, 고령화된 환경에서 그들이 또래의 친구를 찾는 게 어려웠겠다는 생각도 들었다.

내가 가지고 있던, '단체 소개팅'에 대한 부정적인 인식은 사라졌다. 하지만 '단체 소개팅'이 혼인율과 출산율을 올리는 궁여지책일 수밖에 없단 생각은 사라지지 않는다. 그러므로 소개팅을 준비하기에 앞서 국가나 지자체는 누구나 결혼을 하고 아이를 낳고 싶은 사회를 만드는 일에 더 힘써야 하겠다.

남자 없이도 잘 살 수 있다

결혼하지 않아도 행복해요

결혼하지 않는 삶, '비혼'은 더이상 낯선 사회현상이 아니다. 2020년 인구보건복지협회가 발표한 자료를 보면 20대 여성의 57퍼센트, 남성의 37.6퍼센트가 '결혼할 의향이 없는 편이거나 절대 없다'고 응답했다. 20대 남녀 1천 명을 대상으로 설문한 결과다.

내 주변에도 비혼을 결심한 친구가 있다. 그 친구는 종종 고민을 털어놓곤 하는데, 비혼으로 혼자 살려면 지금보다 더 안정적인 직장이 필요하니까 이직하고 싶다, 아플 때 돌봐줄 사람이 없으니 보험을 더 많이 들어야겠다 등이 주된 내용이다. 이런 이야기를 듣고 있으면 결혼 준비를 하듯 비혼의 삶도 많은 준비가 필요하다는 걸 알게 된다. 사실 어떤 삶을 살든 준비가 필요한 건 당연한 일이지만.

다른 비혼인들은 '혼자의 삶'을 잘 영위하기 위해 어떤 준비를 하고 있을까? 구글 검색창에 '비혼'이라고 쳐보았다. 그러자 '비혼 스터디'를 하자며 스터디 모집 글을 올린 사람들, '비혼 공동체'를 꾸려 비혼인끼리 미래를 꿈꾸고 삶을 설계하는 사람들의 이야기를 만날 수 있었다.

'비혼 공동체는 도대체 뭐하는 곳일까?'라는 궁금증이 커져갈 무렵, 마침 비혼 여성들의 도약을 위한 커넥션 커뮤니티 '에미프emif'에서 '#여성에게 마이크를'이라는 이름의 토크쇼를 연다는 소식을 접했다. 비혼 공동체 소속이 아니어도 어렵지 않게 참석이 가능해서 이 행사에 참석해보았다.

이 토크쇼는 비혼 여성 여섯 명이 연사로 무대에 올라 자신들의 삶의 노하우를 나누는 자리였다. 첫 번째로 무대에 오른 양지윤 씨는 '저와 함께 살 비혼 메이트를 구합니다'를 주제로 강연했다. "우리끼리 '비혼 타운'에 들어가 살고 싶다는 말, 많이 하지 않았어요?"라는 말로 강연을 시작한 양씨는 공유주택의 일종인 '코리빙co-living' 개념을 소개했다. 또 비혼 메이트를 구할 때 소음 민감도와 경제관념 등을 살펴야 한다는 조언부터 전세자금대출을 할 때 주의할 점, 집 구할 때 알아야 할 부동산 관련 법률 등을 이야기했다.

다른 연사들은 '당신이 지금 당장 코딩을 배워야 하는 이유' '과학에는 성별이 있다' 등을 주제로 비혼으로 살아가면서 필요한 지식과 노하우를 나누었다. 눈발이 흩날리던 주말, 비혼 여성 74명이 이들의 이야기를 듣기 위해 한자리에 모였다.

비혼의 삶을 부정적으로 바라본 적은 없었다. 다만 '비혼으로 살면 늙어서 누가 보살펴주나' 혹은 '비혼으로 살면 외롭지 않을까'라는 생각을 해본 적은 있다. 토크쇼를 보러온 직장인 조혜숙 씨는 외로움을 덜기 위해 반드시 연애나 결혼을 해야 한다고 생각하진 않지만, 비혼주의자로 살려면 돈이 더 많고 능력도 더 있어야 할 것 같다고 걱정했다. 이런 고민에 대한 해법으로 만들어진 게 바로 '비혼 공동체'다. 비혼을 택한 이들이 '우리 함께 잘 살아보자'며 모인 것이다.

그들에게 비혼 공동체를 만든 이유를 물어보았다. 강한별 에미프 공동대표는 "결혼하지 않고도 잘 사는 사람이 많으면 '결혼하고 싶지 않다'고 말할 때 아무도 이상하게 여기지 않겠죠?"라고 답했다. 여전히 비혼으로 잘 사는 게 쉽지 않고, 이상하게 보는 사람도 많다는 뜻이었다.

2019년 강 대표를 비롯한 공동대표 다섯 명은 비혼 공동체 에미프를 만들었다. 강 대표는 주거정책 등이 신혼부부나 '4인 정상 가족'에 맞춰져 있어 비혼을 결심한 사람이 배척당하는 느낌을 받는다면서 사회를 바꿔달라고 요구하기 전에 우리가 어떻게 살지 함께 고민해보자는 뜻에서 에미프를 만들었다고 했다. 그는 여성의 삶을 이야기하는 사람도 적지만, 비혼 여성의 삶을 이야기하는 사람은 더욱 적기에 홀로 내지 못했던 시너지를 내기 위해서라도 여성끼리 교류해야 한다고 했다.

2021년 11월 기준 에미프 회원은 110명이다. 2019년 말에 비해 두 배 정도 늘었다. 연령대는 20대부터 40대까지 다양하다. 이들의 활동은 단순한 친목 도모나 정보 공유 이상이다. 토크쇼를 개최하고, 비평지 《매거진 비批》를 발간하고, 재테크 스터디도 하고, 비혼 인식 개선 프로젝트까지 함께하고 있다. 모든 활동은 회원들 스스로 기획하고 진행한다. 공동대표인 하현지 씨는 "하고 싶은 게 있어도 혼자선 이뤄내기 어려운 경우가 많아요. 여성들이 원하는 걸 할 수 있도록 기반을 닦는 게 우리의 역할입니다"라고 모임의 취지를 설명했다.

비혼 모임에 참여한 사람들이지만, 비혼을 결심한 이유는 각자 달랐다. 이예닮 공동대표는 개인적인 성향이 강해서 누군가와 삶의 패턴을 맞춰 사는 게 상상이 되지 않았다고 했고, 하현지 대표는 남자는 술을 마시고 여자는 시중을 드는 경상도 집안 분위기가 싫어서 자연스럽게 비혼을 꿈꾸었다고 했다. 강한별 대표는 각자 비혼을 결심한 이유는 조금씩 다르지만, 비혼이라는 결심만은 같다며, 서로 함께 고민하며 자연스럽게 유대감을 형성하고 있다고 말했다. 인터뷰를 마치며 에미프의 '최종 목표'를 물었다. 이 대표는 비혼이 당연해지고 사회에서 비혼을 자연스럽게 받아들이면 비혼 공동체는 없어지지 않겠느냐며 웃었다.

서울뿐 아니라 광주광역시에도 비혼 여성들의 모임이 있다. 배문주, 정수연, 이다겸 공동대표가 2019년 8월에 만든 '비컴트루Become True'라는 모임이다. '비혼이 현실이 되는 곳' '야망이 실현되는 곳'이라는 두 가지 뜻을 담고 있다.

공동대표인 배문주 씨는 기울어진 운동장에 사는 여성들이 자립하는 건 어려운 일이라며, 경제적인 부분과 더불어 감정적인 고립감도 큰 문제인데 이런 모임을 통해 서로가 버팀목이 되고자 모였다고 모임의 설립 취지를 밝혔다. 그는 과거엔 비혼이 비주류로 여겨져 입 밖에 꺼내기조차 조심스러웠지만, 이젠 같은 생각을 하는 이들과 함께 있어서 내 생각을 자유롭게 이야기할 용기가 생겼다고 설명했다.

비컴트루의 온라인 모임엔 2021년 기준 300여 명이 참여하고 있다. 2019년 말 온라인 회원이 57명이었던 것에 비해 다섯 배 이상 늘었다. 회원들 사이의 신뢰를 바탕으로 재테크 정보, 자취 팁, 지역 정보를 공유한다. 오프라인 모임을 원하는 회원들은 건강을 주제로 내장산을 함께 오르기도 하고, 깻잎무침 등 반찬을 함께 만들어 나눠 먹기도 한다.

매달 테마를 정해 독서·운동 등 활발한 활동을 이어가고 있다. 배 대표는 예전엔 30대 이후에 결혼하면 내 삶이 없어질까 봐 두려웠는데 비혼을 결심하고 활동을 하다보니 30·40대는 물론 70대의 삶까지 기대가 된다고 덧붙였다.

비컴트루를 통해 배 대표가 이루고 싶은 꿈은 무엇인지 물었다. 그러자 이런 대답이 돌아왔다. "비혼 여성들이 서로에게 힘이 되어줄 수 있는 문화를 만들고 싶어요. 전국 각지에 비혼 모임이 생겼으면 정말 좋겠어요. 어떻게 만들어야 할지 막막한 분이 있다면 제가 기꺼이 노하우를 공유할게요."

에미프와 비컴트루 대표들과 처음 만나 이야기를 나눈 지 벌써 2년이 지났다. 이 두 비혼 공동체는 여전히 열심히 활동 중이다. 코로나19 확산으로 오프라인 활동이 어려워지긴 했지만, 오히려 회원 수는 늘었다. 그사이 두 단체는 각각 비혼 여성들을 위한 책도 출판했다. 에미프는 《비혼수업-즐거운 1인 생활 지침서》를, 비컴트루는 《비B코노미-비혼 여성의 지속가능한 삶을 위한 생애주기별 경제 지침서》를 세상에 선보였다. 특히 《비코노미》는 크라우드 펀딩사이트 '텀블벅'을 통해 전국 2,873명의 후원을 받아 만들어졌다. 서울과 광주광역시 외에도 전국 각지에 또 다른 비혼 공동체들이 생겨나기도 했다. 사실 마음속 깊이 '비혼 공동체가 오래 운영될 수 있을까?' 기대 반 걱정 반이었는데, 이제 그런 걱정은 하지 않아도 될 것 같다. 이들의 활동을 지켜보고 있자니 비혼 공동체들의 앞날이 더욱 기대되었다.

동성 커플과 비혼 집사가 말했다

꼭 결혼해야 가족인가요?

"결혼은 상대의 가족을 돌보고 경조사를 챙기는 사회제도로 들어가는 약속인 것 같아요. 상대방의 가족, 사회, 회사 등 얽힌 사람들이 고구마 뿌리처럼 줄줄이 딸려오는 거죠. 반면 동거는 좀 더 느슨한 형태의 결합이라고 생각해요." 2020년 12월에 만난 30대 중반의 정만춘 작가에게 결혼과 동거의 차이점이 무엇인지 묻자 돌아온 대답이다. 그는 20대 초부터 지금까지 총 세 명의 남성, 한 명의 여성과 결혼 없이 동거했다. 이 경험을 바탕으로 에세이 《더 사랑하면 결혼하고, 덜 사랑하면 동거하나요?》를 펴냈다. 내가 정만춘 작가와 마주한 이유는 가족이 무엇인지를 묻고 싶었기 때문이다. 사전에서 찾은 가족의 뜻은 '친족 관계에 있는 사람들의 집단'이다. 이는 가족이 결혼한 부부와 자녀 등 혈연 중심으로 이뤄져 있단 의미다. 그런데 시간이 지나면서 결혼과 출산에 얽매이지 않는 이들이 늘어나기 시작했다. 결혼과 출산이 없는 사람끼리 사는 사람들도 등장하고 있다. 이렇게 결혼도 출산도 없이 모여 사는 사람들도 '가족'이라고 해야 하지 않을까, 하는 의문이 생겼다. 최근 우리 사회에는 다양한 형태의 가족과 가구가 등장하기 시작했다. 전통적인 가족은 결혼을 통해 생기는 게 일반적이지만, 이젠 결혼을 '필수가 아닌 선택'이라고 느끼는 이들이 늘고 있기 때문이다.

결혼 없이 살림을 꾸리는 '동거 가족', 결혼을 거부하고 혼자 사는 '비혼 가구'가 생겨나는 등 전통적인 가족 형태에서 벗어난 이들이 속속 나타나고 있다. 한국 사회에서 신혼부부 보기가 점점 힘들어지고 있다. 통계청이 지난해 발표한 '혼인·이혼 통계'에 따르면 2020년 혼인 건수는 21만 3,502건으로, 2012년부터 9년간 연속해서 감소했다. 같은 해 인구 1천 명당 혼인 건수를 따지는 조혼인율 (4.2건)은 통계를 작성한 1970년 이후 최저치를 나타냈다.

결혼에 얽매이지 않은 다양한 가족과 가구를 만나 이야기를 나누어봐야겠다는 생각이 들었다. 이들이 생각하는 가족은 우리 사회가 그동안 생각했던 모습과 얼마나 다르고 어떻게 다를까?

방송작가인 김민정 씨는 비혼주의자다. 혼자 고생해 마

런한 집에 반려묘 두 마리와 삶을 꾸려가는 이야기를 담은 에세이 《결혼은 모르겠고 내 집은 있습니다》를 쓴 작가기도 하다. 김씨는 비혼을 선언한 이유 중 하나로 '결혼의 불합리성'을 꼽았다. 그는 여자 선배들이 결혼 후 일터를 하나둘 떠나는 모습을 보면서 결혼 후 여성의 지위에 대한 불합리함을 느꼈다고 했다. 그러면서 고양이 두 마리와 함께 꾸려가는 삶이 무척 만족스럽고 행복하다고 덧붙였다. 물론 1인 비혼가구로 살아가는 건 생각보다 어려운 일이다. 주변의 시선 또한 곱지 않기 때문이다. 그는 1인 비혼가구를 향한 편견은 평범한 일상이라면서 이렇게 말했다. "비혼주의자라고 나를 소개하면 '너 혹시 남자한테 큰 상처를 받은 거 아니냐' '결혼을 못 하는데 안 한다고 하는 거 아니냐'라는 이야기를 많이 들어요. 말하자면 비혼은 완결된 형태의 가족이 아니라는 생각인 거죠."

책 《합리적 비혼주의자로 잘 살게요》를 펴낸 홍경희 작가는 서울 목동 등에서 유명한 학원강사로 일하다가 40세의 나이로 조기 은퇴한 뒤 캐나다로 이민을 갔다. 그는 다른 가족과 같이 살고 있었으면 수익이 줄어들기 때문에 조기 은퇴나 이민을 선택하지 못했을 것이라고 말했다. 만약 결혼을 해 아이를 낳았다면 자녀 육아와 교육비에 드는 돈이 많고, 이민 계획도 배우자와 함께 상의해야 하기 때문이다.

한 지붕 아래 살기 위해 결혼이 구태여 필요한지 묻는 이들도 있다. 결혼 대신 동거를 택한 이들이다. 앞서 동거를 '느슨한 결합'이라고 소개한 정만춘 작가도 마찬가지다. 정 작가는 배우자의 가족 행사와 대소사를 챙기는 사회적 책임이 버겁기에 동거가 더 나은 선택이라 느꼈다. "동거를 할 경우 서로의 가족을 돌보거나 신경 쓰는 것이 의무가 아니기 때문에 각자 자율에 맡길 수 있죠. 물론 사랑하는 사람의 가족이기 때문에 신경을 써드릴 수 있지만, 전적으로 저의 선택에 달린 것이지 가족으로서의 의무는 아니니까요."

연인끼리 결혼을 하고 싶어도 할 수 없는 이도 있다. 동성 커플의 경우다. 한국에선 동성 간 결혼을 법적으로 허용하지 않는다. 20만 구독자를 보유한 유튜버 커플 '백팩'과 '킴'은 4년째 함께 사는 가족이다. 두 사람은 가족으로 살아가기 위해 남들보다 더 많이 노력해야 하고, 동성 커플에 대한 따가운 시선도 견뎌야 한다. 그래서 다른 가족이라면 그냥 지나칠 사소한 부분까지 신경 쓸 수밖에 없다.

킴은 가사도우미 서비스를 신청할 때는 커플과 관련된 물품들을 집 안에서 치우거나 숨겨놓는다며 '호모포비아(동성애를 극도로 혐오하는 생각이나 증세)'를 가진 사람이 가사도우미로 올 경우 해를 끼칠 가능성이 있기 때문이라고 말했다. 백팩은 "택시를 타면 연인에게 '여보'라고 하지 않고 '형'이라고 해요. 운전대를 잡고 있는 분과 언쟁이 나는 걸 피하고 싶어서……"라고 말끝을 흐렸다. 그는 일상생활을 할 때 자신의 가족은 알아서 먼저 조심하고 자기 검열하는 부분이 많은 편이라며 신변의 위협으로 이어질 가능성을 막기 위한 행동이라고 설명했다.

다양한 모습의 가구와 가족이 생겨나고 있지만, 이들이 한목소리로 불편함을 호소한 부분이 있다. 바로 '사회 안전망의 부재'였다. 비혼주의자, 동거인, 동성 연인 모두 우리 사회가 생각하는 전통적인 가족이 아닌 탓이다. 같이 사는 연인이 법적인 보호자가 될 수 없다는 점도 불편 중 하나다.

상대방이 의료 서비스를 받아야 할 경우 때론 위험한 상황이 생길 수도 있다. 몇 해 전 심혈관 질환으로 수술을 받았던 킴은 수술을 해야 하는 병원에서 직계가족만 보호자가 될 수 있다고 해 난감했다고 털어놨다. 주거 지원

정책의 혜택을 받기도 어렵다. 그렇지 않아도 어려운 내 집 마련이 이들에게는 한층 더 힘든 일이다. 정만춘 작가는 "혼인신고를 하지 않은 동거인들은 1인 청년주택밖에 신청하지 못해요. 이러면 대개 열 평 안 되는 작은 주택에 들어갈 수밖에 없어요"라고 말했다.

한국여성정책연구원 김영란 연구위원은 비혼 동거나 혈육이 아닌 공동체 가족 등 다양한 가족 형태가 수면 위로 올라오고 있으나, 법과 제도가 따라가지 못해 실질적으로 생활 현장에 불편함을 초래하고 있다고 설명했다. 새로운 형태의 가족을 정의하거나 지원하는 법 논의가 본격화해야 한다는 지적이었다.

혼인율이 낮아지고 있다는 소식은 더이상 새로운 이야기도 아니다. 밀레니얼 세대가 결혼을 외면하는 이유는 결혼하고 애를 낳기 팍팍해진 현실 때문이라는 지적도 틀린 말은 아닐 것이다. 우리가 만난 1인 가구들도 결혼 제도의 한계와 불합리성을 지적하였다. 하지만 다양한 형태의 가족과 마주하면서 간과한 점이 하나 있음을 깨달았다. 결혼과 출산에 얽매이지 않을 뿐, 가족을 만들고자 하는 밀레니얼이 많다는 점이다. 다만 우리 사회가 그들을 가족으로 인정하고 있지 않을 뿐이었다. 그래서 사회가 나서서 새로운 형태의 가족에 관한 논의를 시작해야 한다는 전문가들의 지적을 귀담아들어야 한다. 이미 가족이 되어 함께 살고 있는 그들을 우리 사회가 진짜 가족으로 인정하고 더 안정적이고 편안한 삶을 살 수 있도록 배려해야 하지 않을까.

당신은 어떤 가정을 꾸리고 싶나요?

교황이 지지했다는 '시민결합법'

"사귀는 사람은 있니? 결혼은 언제쯤 하게?" 스스로 밥벌이를 시작하고 처음 방문한 외갓집, '올 것이 왔구나' 하는 생각이 들었다. 내 성격이 조금만 더 직선적이었다면 "할머니, 저는 당장 결혼 생각이 없어요. 사실 꼭 해야 하는 건지도 잘 모르겠어요"라고 대답했을지도 모른다. 하지만 '어른에게 말대답하지 마라'라는 행동 강령을 뼛속까지 새긴 손자는 대답 대신 어색한 너털웃음으로 도리를 다했다.

가족을 꾸리는 일은 '가약(佳約, 아름다운 약속)'보다는 '계약'에 가까워져야 한다. 달리 말하면 꼭 사랑하는 사이가 아니어도, 같이 살고 싶은 사람과 자유롭게 가족이 될 수 있어야 한다는 뜻이다. 안타깝게도 우리나라에선 이성 간의 결혼이나 출산·입양을 제외하곤 가정을 꾸릴 수 있는 선택지가 사실상 없다. 고독사가 심각한 사회 문제로 떠오른 지가 언제인데 우리 사회는 간단한 해결책을 두고 헛심만 쓰고 있는 상황이다. 답답한 나날이 이어지던 어느 날, 생각지도 못했던 사람에게서 뜻밖의 '사이다' 발언을 듣게 되었다.

"동성애자들도 하느님의 자녀이며, 가족을 구성할 권리가 있습니다. 동성애자라는 이유로 버려지거나 불행해져선 안 됩니다. 우리에게 필요한 건 '시민결합법'입니다." 2020년 10월, 로마국제영화제 개막작인 다큐멘터리 〈프란치스코〉가 공개되면서 세계인이 교황의 입에 주목했다. 천주교계는 동성 결혼을 줄곧 반대해왔다. 그런데 천주교의 수장이 동성 커플을 법적으로 보호해야 한다는 발언을 한 것이다. 다만 교황청은 해당 발언이 알려진 뒤 다큐멘터리 감독이 교황의 말을 멋대로 짜깁기했으며, '동성 결혼에 대해 말하는 것은 부적절하다'라는 교황의 발언도 편집되었다고 발표했다.

다큐멘터리의 진위와 별개로 '시민결합법'이 주목받았다. '시민결합법'은 결혼하지 않은 동거 커플이 등록 절차를 거치면 행정·의료·금융 분야에서 부부에 준하는 법적 보호를 받을 수 있는 제도다. 동거 상대의 성별과도 무관한 법으로, 1999년 프랑스에 도입된 '팍스PACS'가 대표

적이다. 프랑스에선 2013년 동성 결혼이 합법화된 이후
에도 결혼에 담긴 종교적 · 전통적 사고에 동의하지 않거
나 간소한 방식의 결합을 원하는 커플 사이에서 여전히
동거가 인기가 높다고 한다. 다른 나라들도 이와 비슷한
제도를 도입했다. 우리나라에서는 2014년 당시 새정치민
주연합 진선미 의원이 '생활동반자등록법'이란 법을 발의
하려다 무산된 적 있다. 그럼에도 우리에게 익숙한 결혼
과는 다른 방식으로 살아가는 커플이 적지 않다.

〈프랑스 팍스 제도〉

《팍스, 가장 자유로운 결혼》의 저자 이승연 씨는 미국
에서 대학을 졸업한 뒤 무작정 건너간 파리에서 파트너
줄리앙을 만났다. 같이 생활하던 룸메이트가 떠나자 자연
스레 동거가 시작되었다. 사귄 지 5년, 동거 3년 차가 되
던 해에 둘은 팍스를 맺었다. 프랑스 친구들은 파트너와
사귄 기간이 길어지면 자연스레 동거를 시작하고 결혼을
하거나 팍스를 맺는다. 이승연 씨는 자신의 책에서 이렇
게 말했다. "결혼은 아름다운 일이지만 관습이라는 이유
로, 전통이라는 이유로 해야 하는 것만큼 힘든 일은 없다.
우리의 결정에 가족이나 친척이 개입하지 않았다는 점에

서 해방감을 느꼈다."

〈동성 부부〉

윤한석 씨와 오세영 씨는 함께 산 지 1년 6개월이 된 동성 커플이다. 사람들에겐 '부부'라고 하기보다 '짝꿍'이라고 소개한다. 아직은 양가 부모님께 인사드리지 못해 결혼식은 하지 못했다. 그들은 얼마 전 결혼한 사촌 동생 부부가 신혼부부 전세대출을 받아 보금자리를 마련하는 것을 보고 부러운 마음이 들었다. 천주교 신자인 윤한석 씨는 프란치스코 교황의 "동성애자도 주님의 자녀들이며 가족을 이룰 권리가 있다"라는 말에 감명을 받았다. 새로운 변화가 시작되는 걸까, 하며 윤씨는 희망을 품기로 했다.

〈부부 + 비혼〉

조은미 씨와 김민주 씨는 대학 선후배 사이다. 조은미 씨와 안수찬 씨는 부부 사이다. 그들은 삶에 대한 가치관과 방향이 닮아 셋이 함께 살아보자고 마음을 먹었다고 한다. 주변에선 가끔 김민주 씨에게 '얹혀사는 것 아니냐'고 묻기도 하는데, 김씨는 결코 얹혀사는 것이 아니다. 부부의 전세금 7,500만 원과 김민정 씨의 전세금 5천만 원

을 기본자금으로 함께 보금자리를 마련해 사는 '생활공동
체'다.

꼭 이성과 결혼해야만 가족을 꾸릴 수 있는 걸까? 사
는 모습은 달라도 이들은 모두 가족과 함께 살고 있다
고 말한다. 현재 통계에는 동성 커플, 비혼 동거 가구 등
다양해진 가족 구성원의 모습을 제대로 반영하지 못하
고 있다는 비판이 꾸준히 나온다. 2017년에 조사된 통계
청 장래가구추계에 따르면 1인 가구는 558만 3천 가구
(2017년)에서 832만 가구(2047년)로 늘어날 전망이다. 결
혼하지 않고, 아이를 낳지 않는 사람도 계속 늘어나는 추
세다. 통계청에 따르면 2020년 혼인 건수는 21만 4천 건
으로 통계 작성 이후 최소치를 기록했다. 가임기 여성이
평생 낳을 것으로 예상하는 평균 출생아 수인 합계 출산
율도 0.84명이었다. 역대 가장 적었다. 한계에 다다른 결
혼제도의 대안이 필요하다는 주장이 나오는 배경이다.

2012년부터 7년간 진선미 의원 보좌관으로 일하며 '생
활동반자법' 입법을 추진했고, 《외롭지 않을 권리》란 책
을 쓴 황두영 작가는 법의 혜택보다 보호 기능을 강조했
다. "입법을 준비하면서 한 여성분에게서 '동거하던 남자

친구한테 맞고 도망치듯 나왔다'는 메일을 받았어요. 당장 갈 곳이 없어졌는데 둘이 부부가 아니니까 재산권을 행사할 수도 없고, 가정폭력으로 신고할 수도 없다는 거예요."

그는 젊은 비혼 가구나 동성 커플이 주로 혜택을 볼 것이라는 인식과 달리 독거 노인에게 절실한 제도라는 설명도 덧붙였다. 노인들은 배우자와 이별해도 재혼해서 새로운 가정을 꾸리기 어렵고, 고독사가 사회 문제로 떠오른 만큼 이들을 품을 수 있는 제도가 필요하다고 말했다.

2021년 여성가족부는 '제4차 건강가정기본계획'에서 처음으로 결혼·혈연 중심 가족 개념이 가진 한계를 인정했다. 다양한 형태의 가족이 제도 안으로 포섭될 가능성이 열린 것이다. 비록 속도는 더디지만, 긍정적인 변화의 움직임은 계속되고 있다. 하루빨리 '시민결합법'의 필요성을 주장하는 사람들의 목소리가 구시대의 기록물이 되는 날이 오길, 이 글에 담긴 주인공들이 "그땐 그랬지"라며 지금을 추억하는 날이 오길 기대해본다.

열여덟 '어른'의 이야기

보호가 끝난 보육원생은 어디로 갈까?

'스무 살'의 이미지를 떠올려본다. 교복을 벗어 던지고 대학 캠퍼스를 걷는 모습, 애인과 벚꽃 구경을 하는 모습 등이 가장 먼저 떠오른다. 하지만 모두에게 스무 살이 같은 모습은 아닐 것이다. 스무 살의 봄이 마냥 설레지만은 않는 사람들도 있다.

스무 살, 그러니까 만 열여덟 살이 되면 사회로 내몰리는 이들이 있다. 바로 '보호종료아동'이다. 보호종료아동은 본인의 의지와 상관없이 일정 나이가 되면 보육시설 등에서 독립을 한다. 아동복지법이 정한 양육시설이나 위탁가정의 보호를 받았던 아이들은 만 18세가 되면 보호시설을 떠나야 한다.

누구에게나 독립은 어려운 일이다. 그런데 부모의 지원 없이 바로 독립을 해야 한다면 훨씬 더 힘겨울 수밖에 없다. 이들은 사회에 첫발을 어떻게 내딛고 있을까? 이들을 직접 만나 조금 더 속 깊은 이야기를 나눠보았다.

"드라마 〈펜트하우스〉에 보육원 출신 등장인물이 나오는데요, 범죄에 빠져 결국 다른 사람 손에 죽어요. '고아면 살려고 노력해도 불행할 수밖에 없다'는 식의 이야기 전개가 불편했죠. 드라마에 고아가 나오면 우리끼리 이렇게 말해요. '또 고아야?'"

보호종료아동이었던 신선 씨의 말이다. 신씨는 이제 스물아홉 살이 되었다. '운이 좋은' 일부는 신씨처럼 보호 연장 제도를 통해 대학교 졸업까지 마치고 양육보호소를 나오기도 한다. 신씨는 부모가 이혼하자 할머니 손에서 자랐다. 할머니가 돌아가신 뒤 아홉 살이 되던 해에 보육원에 맡겨졌다. 스물네 살인 보호종료아동 출신 김요한 씨도 조현병을 앓던 어머니의 품을 떠나 양육시설에서 생활을 하게 되었다고 했다.

두 사람은 한목소리로 "모든 것을 공유하는 보육원에서 나갈 날만 손꼽아 기다렸는데, 막상 홀로 사회에 나간다고 하니 두려움이 컸어요"라고 털어놓았다. 가족 없이 홀로서기를 시작한 이들, 보호종료아동들은 어떻게 살고 있을까?

"응급실에 갔는데 입원치료를 하려면 보호자의 서명이

있어야 한다는 거예요. 너무 아픈데 이 와중에 누굴 불러야 할까 고민하는 게 너무 힘들었어요." 자립 3년 차, 김요한 씨에게 자립 후 언제 가장 힘들었는지 묻자 이렇게 답했다. 당시 그는 병원 측에 자신이 성인이니 동의 서명을 직접 하면 안 되는지 물었다고 한다. 김요한 씨는 성인이라고 사회에 나왔지만 할 줄 아는 게 하나도 없어 갑갑한 마음뿐이었다고 설명했다.

신씨에게도 '가족'이란 울타리 없이 홀로 서는 일은 고단했다. 그는 조언을 구할 어른이 없다는 점을 가장 아쉬워했다. "처음 집을 구할 당시 고지서가 뭔지도 몰랐어요. 계약할 땐 없던 관리비를 갑자기 내라고 연락이 오는데 누구한테 뭐라고 물어야 하나 난감했어요"라고 했다. 학교도, 양육보호소도 알려주지 않는 자립을 위한 팁과 노하우를 나눌 누군가가 필요했다.

아동권리보장원에 따르면 보호종료아동은 한해 약 2,500명에 달한다. 매년 2,500명이 넘는 '열여덟 어른'이 사회에 나오는 실정이다. 물론 홀로서기는 녹록지 않다. 그들에게는 보호종료 시점에 500만 원가량의 자립정착금과 3년간 매달 30만 원 수준의 자립수당이 지원된다. 물가를 감안했을 때 혼자 살기에도 충분하지 않은 액수다.

한국토지주택공사가 임대 주택을 일부 지원하고 있지만, 2021년 인권위원회가 발표한 자료에 따르면 보호종료아동의 37퍼센트만이 주거 관련 정부 지원을 받았다. 그러다보니 불안정한 여건에 머무는 이들도 적지 않은 상황이다. 한국사회보장정보원 자료에 따르면 시설에서 퇴소한 이들 네 명 중 한 명은 기초생활수급자, 차상위계층으로 파악된다.

보다 못한 신씨가 나섰다. 자립 초기 본인이 겪은 시행착오를 다른 사람들은 되풀이하지 않았으면 하는 바람으로 정보 공유 커뮤니티를 만들었다. 블로그를 통해 보호종료아동에게 필요한 정보를 공유하고 고민을 상담한다. 그는 대학에 진학한 보호종료아동을 위해 각종 장학금 프로그램이나 한국토지주택공사 주거 혜택에 관한 정보를 모아 보호종료아동이 볼 수 있도록 공유하고 있다.

'자립지원 활동가'를 자처하는 신씨의 정보는 실제로 보호종료아동들에게 큰 도움이 된다. 신씨의 블로그엔 그가 올린 정보 덕분에 장학금 지원을 받게 되었다는 감사의 댓글이 달리기도 했다. 신씨는 장학재단 신청서 작성에 대해 조언해준 친구가 '합격했다'고 알려올 때 가장 보람을 느낀다고 했다. 요즘 신씨는 '아름다운재단'과 함께

팟캐스트와 유튜브 콘텐츠를 제작하고 있다. 'LH청년전세임대주택 신청을 이사 예정일 세 달 전에 해야 하는 이유' '낯선 보육원 생활의 시작'처럼 보호종료아동의 자립을 위한 꿀팁과 격려가 담겨 있다.

앞서 소개한 김요한 씨도 신씨의 도움을 받은 사람들 중 한 명이다. 그는 현재 신씨의 블로그에 도움을 요청하는 글을 남긴 이들에게 정보와 조언을 주고 있다. 김씨는 "형보다 더 잘할 수는 없겠지만 형에게 도움을 받았으니 나도 친구들을 도울 수 있는 방법을 찾고 있어요"라고 말했다.

박명숙 상지대학교 아동복지학과 교수는 자립 경험이 부족한 보호종료아동이 독립 후 어려움을 겪는 경우가 대다수이며 양육보호소와 자립, 둘 사이에 중간적인 생활 지대를 만들어야 한다고 설명했다. 실제로 강원도에 있는 자립기반시설 '라움'은 보호종료아동이 사회복지사와 함께 2년가량 무상으로 거주할 수 있다. 박 교수는 라움과 같은 거주공간을 제공해 자립에 대한 정보를 가르쳐줄 수 있는 사람과 함께 생활하는 게 큰 도움이 될 것이라고 말했다.

신선 씨, 김요한 씨와 헤어지기 전 그들에게 가족이 무엇인지 묻자 김씨는 이렇게 대답했다. "가족은 누군가 힘들 때 정신적으로 지지해주고 응원해주는 존재 아닐까요? 그래서 저에게 가족은 친구들과 사회복지사 선생님이라고 생각해요. 제 주변에 가족이 정말 많은 거죠."

이들과 대화를 나누고 헤어진 몇 개월 뒤, 기쁜 소식이 들려왔다. 만 18세가 아닌 만 24세까지 보호종료아동이 시설에 머물 수 있도록 법이 개정된다는 소식이었다. 추가로 자립수당 지급 기간은 3년에서 5년으로 늘었다. 만 스물네 살에 시설에서 나왔다면 만 스물아홉 살까지는 수당을 받을 수 있는 셈이다. 참 다행이란 생각이 들었다. 하지만 우리에겐 숙제가 남아 있다. 보호종료아동을 특이한 존재로 바라보지 않는 것, 소위 '고아'라고 하면 우리 머릿속에 떠오르는 불행한 서사를 끊어내는 일이다.

캐나다로 입양 간 유기견

말 못 하는 동물도 가족

나는 열세 살 된 몰티즈 강아지와 함께 살고 있다. 강아지가 네 살 때 유기견센터에서 데리고 왔다. 굳이 '가족 같다'는 말을 붙이지 않아도 강아지는 이미 가족이자 내 삶의 일부다. 2021년 기준 반려동물을 키우는 인구는 1,500만 명을 넘어섰다. 인구주택총조사엔 '반려동물과 함께 살고 있는지' 묻는 문항이 추가되었을 정도로 반려 동물과 함께 사는 모습은 우리의 일상 풍경이 되었다.

하지만 그만큼 버려지는 반려동물도 많다. 농림축산식품부와 농림축산검역본부가 집계한 통계를 보면, 2020년 한 해 동안 구조된 동물은 13만 401마리였다. 이중 개가 73.1퍼센트로 가장 많았고, 고양이가 25.7퍼센트로 그 뒤를 이었다. 구조된 동물만 집계된 걸 감안하면 실제 버려지는 반려동물은 더 많다는 의미다.

사설보호소에선 유기동물을 안락사시키지 않기 위해

노력하고 있지만, 그 수를 감당하기가 어렵다. 그래서 해외로 입양을 보내곤 한다. 과거 고아 수출국이던 우리나라가 이젠 유기견 수출국이 된 셈이다. 한 동물단체를 통해 해외로 입양가게 된 강아지들의 출국 길을 공항까지 따라가 보았다. 만약 동물들이 말을 할 수 있다면, 어떤 말을 했을까? 출국하는 강아지의 입장에서 글을 적어본다.

누나, 형들 안녕! 저는 강아지 '디아'입니다. 지금 친구 '블리'랑 인천공항에 와 있어요. 비행기를 탄다고 해서 검역소에 들러서 검사도 잘 받았어요. 오늘 드디어 우리는 보호소를 떠나 새로운 가족을 만나러 가요. 기대도 되는데 걱정도 좀 돼요. 비행기를 처음 타는데 멀리 간대요. 캐나다 토론토에 제 새로운 가족이 기다리고 있거든요. 거기까진 열한 시간 정도 걸리나봐요.

왜 우리가 멀리까지 가냐고요? 한국에선 우리를 입양해줄 새 가족이 없대요. 아무래도 저 같은 유기견들이 새 가족을 찾는 건 쉽지 않은 일이죠. 그래서 이동 봉사자분께서 캐나다에 가는 김에 우리를 현지 공항까지 데려다주신대요. 봉사자분들은 워킹홀리데이를 떠나는 누나들이에요. 누나들이 저를 토론토 국제공항까지만 데려다주면 현지 동물단체 혹은 새 가족분이 저를 받아주실 거예요.

이렇게 하면 한국 동물단체와 새 가족인 입양자가 부담하는 금액이 절반 넘게 줄어든대요. 저희끼리만 비행기를 타면 100만 원 정도 드는데, 이동 봉사자분이 동행해주시면 무게에 따라 비용이 20만 원 혹은 50만 원 정도로 줄어든대요. 물론 이 돈은 동물단체에서 내니까 봉사자분은 부담하실 필요가 없어요.

저는 제 옛날 가족이 저를 실수로 잃어버렸고 언젠가 다시 찾으러 올 거라고 생각해요. 그런데 다른 사람들 생각은 그게 아닌가봐요. 제가 피부병이 있어서 버려진 거래요. 슬개골 탈구도 있거든요. 걸을 때마다 다리가 아프긴 했어요. 다행히 보호소에서 수술을 시켜주고 재활 치료도 받게 해주어서 지금은 다리가 튼튼해졌답니다.

제가 보호소에 온 건 지난해 7월쯤이에요. 울산 온산소방서 근처를 헤매고 있었는데, 길 가던 공무원 아저씨가 절 발견하곤 시 보호소로 보냈어요. 시 보호소에 있다가 안락사당하기 며칠 전, 동물단체인 '생명공감'에서 절 구조해서 돌봐주셨어요. 이번에 같이 캐나다로 떠나는 제 친구 '블리'는 검정색 믹스견인데요. 이 친구는 지난해 12월쯤에 울산 덕하 한양수자인 단지 내에서 발견되었대요. 블리도 처음엔 심장사상충에 감염되어서 고생 좀 했는데 이제 치료를 다 받아서 건강해요.

아, 그리고 제 품종은 장모치와와예요. 한때 텔레비전에 많이 나와서 인기를 끌었던 품종이죠. 제가 태어났을 때쯤 인 2016년엔 저랑 비슷하게 생긴 친구들도 많았어요. 지금은 다들 어디로 갔는지 모르겠지만요. 지난해에만 유기견이 9만 마리가 넘었다고 하는데 이 중에서 장모치와와가 꽤 있을지도 모르겠어요.

새 가족과 다시 행복해질 수 있겠죠? 보호소에 있을 때 한국에서 새 가족을 만나 떠나는 친구도 있었고, 저처럼 해외로 가족을 찾아가는 친구들도 있었는데 어찌나 부러웠는지 몰라요. 요즘엔 국내입양이 점점 줄고 있어요. 그래서 제가 있던 보호소에선 국내입양과 해외입양 비율이 비슷할 정도였어요. 반려동물을 사지 않고, 버리지도 않는 문화가 생겨야 할 텐데 말이에요. 그래도 많은 분이 해외 이동 봉사를 해주신 덕분에 작년 '생명공감'에서만 330마리가 미국, 캐나다 등으로 가서 새 가족을 만났어요.

보통 몸집이 큰 개들, 아니면 믹스견 친구들이 해외로 많이 떠나요. 저는 작은 장모치와와여도 해외로 떠나게 되었지만요. 아, 해외로 갈 때는 광견병 접종 확인서, 건강검진

확인서, 동물검역증명서 같은 서류가 필요해요. 이건 모두 저희를 돌봐주신 동물단체에서 처리해주신답니다. 또 저희를 위해 이동 봉사한다는 증명서까지 주니까 혹시나 공항에서 물어보면 이 서류를 보여주면 된대요. 단, 요즘 들어 우리처럼 해외입양을 가는 강아지들이 늘었는데 서류 문제는 꼭 철저히 해야 한다고 '생명공감' 대표님이 강조했어요. 간혹 몇몇 동물단체들이 서류처리를 제대로 하지 않아 문제가 생기는 경우도 있대요.

비행기에서 실수를 하면 안 되니까 제가 탄 이동캐리어엔 소변 패드도 두둑하게 깔았답니다. 물론 아까 봉사자분께서 소변을 보라고 미리 공항 주변을 산책시켜주시기도 했어요.

앗! 이제 곧 비행기를 탈 시간이에요. 저는 원래 이동 봉사자분과 함께 기내에 탑승하려고 했는데, 화물칸으로 가라고 하네요. 너무 짖어서 그렇대요. 말을 너무 많이 했나봐요. 다행히 승무원께서 화물칸에서도 온도나 소음이 적절한 수준으로 유지될 거라고 했어요. 보호소에 있는 제 친구들도 새로운 가족을 만날 수 있도록 여러분들이 도와주세요. 그럼 전 이만 들어갈게요. 한국, 안녕!

공항까지 동행을 마치고 돌아온 이틀 뒤, '디아'와 '블리'는 캐나다 토론토에 잘 도착해 새 가족을 만났다는 소식을 전해 들었다. 새 가족과 함께 찍은 사진도 전달받았는데, 새 가족 품에 안긴 디아와 블리는 행복해 보였다. 반려동물을 키우는 사람들 그리고 반려동물을 키울 사람들이 한 가지만 기억했으면 좋겠다. 그건 비록 동물이 말을 하진 못하지만, 사람과 똑같이 슬픔과 기쁨을 느끼는 하나의 생명이란 사실이다.

미혼부의 마지막 전화

스물네 살 미혼부를 만나다

2013~2014년은 아빠들의 육아를 다룬 TV 예능의 전성기였다. 그동안 육아에서 한 발짝 떨어져 있던 유명인 아빠들이 아이와 시간을 보내면서 생기는 에피소드가 사람들의 이목을 끌기에 충분했다. 인기의 견인차 역할을 한 건 엉뚱하고 발랄한 아이들이었지만, 처음엔 서먹하던 아빠들이 회차를 거듭하며 아이들과 가까워지는 모습도 관전 포인트였다.

나 역시 그 모습을 흐뭇하게 바라본 시청자 중 한 명이다. 하지만 사회·경제적으로 여유가 있는 아빠의 '일일 돌보미 체험' 같은 육아기가 현실 육아와 동떨어져 있다고 느낄 때에는 내심 불편하기도 했다. 만약 아빠가 육아를 전담해야 하는 상황이라면, 일을 나가야 하는데 아이를 맡길 데가 없다면, 제도적인 도움을 받기도 어려운 상황이라면, 그런 아빠의 육아도 예능이 될 수 있을까?

우리가 만난 '미혼부' 정모 씨의 상황은 그렇지 못했다. 2020년 5월 22일 찾아간 전남 순천의 한 식당, 드럼통 테이블 옆 한편에 뽀로로가 그려진 장난감 버스와 분유 두 통이 보였다. 하늘색 유아용 의자도 세워져 있고, 돌잔치 때 썼던 파란 풍선도 여전히 매달려 있었다. 이곳은 정씨가 하나뿐인 아들과 놀아주는 작은 놀이방이다. 아이를 어린이집에 보내기 전까진 맡길 데가 마땅치 않아 누나가 운영하는 식당 한편에 자리를 잡았다. 그렇게 두 부자父子는 아이와 어울리지 않는 공간에서 시간을 보낸다. '엄마' '맘마' '안녕'…… 생후 14개월인 아들이 제일 먼저 입을 뗀 단어들이다. 정씨는 아직 '아빠' 소리를 듣지 못했다. "엄마는 알려주지도 않았는데 말하더라고요. 서운하진 않아요. 곧 아빠도 하겠죠." 정씨는 미혼부다. 아이 외할머니의 반대로 결혼이 무산되었고, 엄마는 아이를 키울 생각이 없다는 말만 남기고 떠나버렸다.

결혼하지 않고 홀로 아이를 키우는 아빠들이 있다. 대부분 정씨처럼 엄마가 아이를 두고 떠난 미혼부들이다. 미혼부의 육아는 시작부터 험난하다. 아이를 우리나라 국민으로 등록하는 출생신고부터 가로막히기 때문이다. 정씨는 "출생신고를 하려면 법원에서 '아이 엄마가 누군지

모른다'고 거짓말을 해야 한다고 그러더라고요. 출생증명
서에 아이 엄마 이름이 나와 있는데 어떻게 잡아떼겠어
요. 아이는 분명 여기 있는데 아직 없는 사람이나 마찬가
지인 거예요"라고 말했다. 하지만 출구는 보이지 않는다.
일찌감치 아들을 '태준이'로 불렀지만, 법적으론 이름이
없다. "제가 키우기로 선택한 건데 아이가 피해를 보는 것
같아 마음이 좋지 않죠. 답답한 마음에 청와대에 국민청
원도 올려보고, 방송에도 출연했지만 달라진 게 없어요."

통계청이 정의하는 미혼부는 '만 18세 이하 자녀를 양
육하는 법적으로 미혼인 아버지'다. 이혼, 별거 등으로 아
이를 혼자 키우는 '싱글대디'와는 다르다. 이 기준에 따르
면 2020년 전국의 미혼부는 6,673명이다. 같은 해 미혼
모(2만 572명)의 3분의 1 정도다. 하지만 통계엔 사각지대
가 있다. 출생신고를 하지 못한 미혼부가 빠져 있다. 미혼
부 숫자가 적다고 보기만은 어려운 이유다. 학계에선 통
계 밖 미혼부까지 다 합쳤을 때 그 숫자를 최대 3만 명으
로 보고 있다.

미혼부 현황 파악보다 더 큰 문제는 자녀들의 기본권
침해다. 출생신고를 못 한 아이들은 의료·복지·교육 등
최소한의 권리를 오롯이 누릴 수 없다. 건강보험은 생후

12개월까지만 적용된다. 주민센터에서 사회복지전산관리번호를 발급받기 전까진 양육비 지원에서도 배제된다. 정씨도 경제적 어려움을 토로했다. 생활비를 벌기 위해 일터로 나서지만, 육아와 직장을 모두 챙기기 버겁다고. "아이가 태어나자마자 숨을 못 쉬어서 열흘간 병원에 입원한 적이 있어요. 병원비 부담 때문에 아이가 또 크게 아프면 어쩌나 걱정되기도 합니다. 아이가 또래보다 잘 먹어서 분유 값도 일주일에 10만 원 넘게 쓰고 있어요."

그렇다면 미혼부들은 왜 출생신고를 할 수 없을까? 현행법상 결혼하지 않은 사람들 사이에서 태어난 아이의 출생신고는 엄마가 하는 게 원칙이기 때문이다. 정씨가 주민센터를 찾아갔을 때 돌아온 답은 '우리가 도와줄 수 없으니 법원에 가보라'는 것이었다. 하지만 가정법원을 찾은 정씨는 또 낙담할 수밖에 없었다. 아이 엄마가 출생신고를 거부했기 때문이다. 미혼부가 자녀의 출생신고를 하려면 엄마의 이름, 주민등록번호, 등록기준지(주소)를 알고 있어야 한다. 여기에 아이 엄마가 미혼임을 증명할 수 있는 혼인관계증명서까지 필요하다. 아이 엄마의 협조가 없으면 불가능한 일이다.

하루가 다르게 커가는 아이만큼 정씨의 답답함도 커져

만 갔다. "아이 엄마가 출산 기록을 남기는 게 부담스러운지 혼인관계증명서 제출을 계속 거부하고 있어요. 출생신고가 늦어지니 필요한 지원도 못 받고 아이만 힘들어지는 게 아닌지……" 결국 정씨는 고육지책을 택했다. 아이 엄마를 아동학대 혐의로 경찰서에 고소한 것이다. 엄마가 직접 출생신고를 하게끔 유도하기 위한 어쩔 수 없는 선택이었다.

정씨가 희망을 품고 출생신고에 나섰던 이유는 이른바 '사랑이법' 덕분이다. 6년 전 미혼부 김지환 씨는 딸 사랑이의 출생신고를 하게 해달라며 1인 시위를 벌였고, 그 결과 사랑이법은 통과되었다. 김지환 씨의 노력 덕분에 미혼부가 아이 엄마의 인적사항을 모를 경우 가정법원 확인을 받아 출생신고를 할 수 있게 한 가족관계등록법(제57조 2항 신설)이 2015년 11월에 시행되었다. 하지만 정씨처럼 아이 엄마의 인적사항을 알고 있는 경우 사랑이법의 적용을 받지 못한다. 이름 같은 기본적인 정보만 알고 있어도 사랑이법 적용 대상이 아니라고 법원이 판결한 사례가 있을 정도다.

김지환 씨는 4년 전 자신이 도왔던 한 미혼부에게 걸려온 전화를 잊지 못한다고 했다. "도저히 더는 못 하겠어요. 제가 데리고 있어봤자 아이가 굶어 죽을 것 같아요. 그냥 포기할래요." 30대 중반이었던 그는 아이를 혼자 키우며 출생신고 절차를 밟다가 끝내 포기했다고 한다. 아이 엄마는 잠적해버렸고, 아이를 맡길 데가 없으니 하던 일도 그만두어야 했다. 생활고는 계속되는데 출생신고 소송은 더디기만 하고, 지친 그가 울면서 김지환 씨에게 전화를 걸어온 것이다. 그게 그 미혼부와의 마지막 통화였다. 이후로는 연락이 끊기고 말았다. 김지환 씨는 "아이를 데리고 극단적인 선택을 했을까 두려워 며칠간 뉴스를 계속 확인했어요. 하루하루 아이 먹일 분유랑 기저귀 값 벌기에도 벅찬 미혼부에게 출생신고 소송은 버거울 수밖에 없어요"라고 안타까운 심정을 전했다.

전문가들은 태어난 아이의 기본권을 지키기 위해 새로운 '사랑이법'이 필요하다고 말한다. 법률사무소 〈승소〉의 정훈태 변호사는 출생신고 관련 법 조항은 과거 유전자 검사가 발달하지 않았을 때 만들어진 것으로, 유전자 검사법 발달로 아빠와 아이의 관계를 명확하게 밝힐 수 있게 된 만큼 이제는 가족관계등록법의 전면적인 개정을 고려해야 한다고 말했다.

2020년 6월, 대법원은 모든 아동에게 출생신고가 될 권리가 있다는 취지의 판결을 내렸다. 이듬해 여성가족부는 미혼부가 아이 엄마의 정보를 알고 있을 경우 엄마의 협조 없이도 출생신고가 가능하도록 요건을 바꾸겠다는 계획을 발표했다.

김지환 씨에게 연락해 제도가 개선되어서 다행이라고 말했다. 하지만 김지환 씨는 마냥 기뻐하지 않았다. "법이 바뀌어도 미혼부는 여전히 소송을 거쳐야만 출생신고할 수 있다는 사실은 변하지 않아요. 무엇보다 한부모 가정을 '정상가족'으로 여기지 않는 우리 사회의 인식이 남아 있는 한 미혼부의 어려움은 계속될 거예요." 그가 던진 이 말이 며칠 내내 잊히지 않고 머릿속에 맴돌았다.